PUBLICATIONS DE LA RÉUNION DES OFFICIERS

MÉLANGES MILITAIRES
XLVII. XLVIII. XLIX. L.

CONSIDÉRATIONS
SUR LA
GUERRE DES PLACES FORTES

1870-1871

TRADUIT DE L'ALLEMAND

PAR

COUTURIER
Lieutenant au 55ᵉ régiment.

PARIS
CH. TANERA, ÉDITEUR
LIBRAIRIE POUR L'ART MILITAIRE ET LES SCIENCES
Rue de Savoie, 6

1872

CONSIDÉRATIONS

SUR LA

GUERRE DES PLACES FORTES

PUBLICATIONS DE LA RÉUNION DES OFFICIERS

I. — **L'Armée anglaise en 1871, au point de vue de l'offensive et de la défensive.** Brochure in-12. . . . . 25 c.
II. — **Organisation de l'armée suédoise.** — **Projet de réforme.** Brochure in-12. . . . . 25 c.
III-IV. — **Mode d'attaque de l'infanterie prussienne dans la campagne de 1870-1871**, par le duc GUILLAUME DE WURTEMBERG, traduit de l'allemand par M. CONCHARD-VERMEIL, lieutenant au 13ᵉ régiment provisoire d'infanterie. Brochure in-12. . . . . . 50 c.
V. — **De la Dynamite et de ses applications pendant le siége de Paris.** Brochure in-12. . . . . 25 c.
VI. — **Quelques idées sur le recrutement**, par G. B. Broch. in-12. 25 c.
VII. — **Etude sur les reconnaissances**, par le commandant PIERRON. Brochure in-12. . . . . 25 c.
VIII-IX-X. — **Etude théorique sur l'organisation d'un corps d'éclaireurs à cheval**, par H. DE LA F. Brochure in-12 . . . 75 c.
XI-XII-XIII. — **Etude sur la défense de l'Allemagne occidentale, et en particulier de l'Alsace-Lorraine.** Traduit de l'allemand. Brochure in-12. . . . . 75 c.
XIV. — **L'armée danoise.** — Organisation. — Recrutement. — Effectif. Brochure in-12. . . . . 25 c.
XV-XVI-XVII. — **Les places fortes du N.-E. de la France, et essai de défense de la nouvelle frontière.** Brochure in-12. 75 c.
XVIII-XIX. — **Considérations théoriques et expérimentales au sujet de la détermination du calibre dans les armes portatives**, par J. L., capitaine d'artillerie. Brochure in-12 . . . 50 c.
XX. — **Des bibliothèques militaires**, de l'établissement d'un catalogue et de la tenue des principaux registres. Brochure in-12. 25 c.
XXI-XXII-XXIII-XXIV. — **L'artillerie au siége de Strasbourg en 1870.** Notes recueillies par un officier de l'artillerie suisse, traduit de l'allemand par P. LARZILLIÈRE, capitaine d'artillerie. Brochure in-12 avec plan . . . . 1 fr.
XXV-XXVI. — **L'artillerie de campagne des grandes puissances européennes et les canons rayés.** Traduit de l'allemand par M. MÉERT, capitaine d'artillerie. Brochure in-12. . . . . . 50 c.
XXVII. — **Des canons et fusils à vapeur**, par J. L., capitaine d'artillerie. Brochure in-12. . . . . 25 c.
XXVIII-XXIX. — **La cavalerie de réserve sur le champ de bataille**, d'après l'italien, par FOUCRIÈRE, sous-lieutenant au 81ᵉ régiment. Brochure in-12. . . . . 50 c.
XXX. — **De la répartition de l'armée sur le territoire.** Brochure in-12 . . . . 25 c.

---

582 — Paris, Imp. H. Carion, rue Bonaparte, 64.

CONSIDÉRATIONS

SUR LA

GUERRE DES PLACES FORTES

1870-1871

TRADUIT DE L'ALLEMAND

PAR

COUTURIER

Lieutenant au 55ᵉ régiment.

PARIS

CH. TANERA, ÉDITEUR

LIBRAIRIE POUR L'ART MILITAIRE ET LES SCIENCES

Rue de Savoie, 6

1872

AVANT-PROPOS

La Réunion des Officiers, en publiant cette traduction, a eu seulement pour but de présenter aux lecteurs français un récit donnant l'ensemble des siéges faits par les allemands pendant la dernière guerre, en faisant connaître les idées qui ont le plus généralement cours en Prusse sur la manière dont les opérations ont été conduites.

Il reste donc bien entendu que, s'il y a des erreurs d'appréciation ou de faits matériels, la responsabilité en retombe entièrement sur l'auteur dont on s'est borné à traduire le travail.

Juin 1872.

CONSIDÉRATIONS

SUR LA

GUERRE DES PLACES FORTES

Les places fortes ont le grand inconvénient d'absorber en temps de paix des sommes considérables, et de paralyser en temps de guerre des forces nombreuses qu'on pourrait employer bien plus avantageusement aux armées qui doivent livrer les batailles décisives.

On ne peut nier que les places fortes n'aient perdu une grande partie de leur importance. Dans les guerres du siècle précédent, le nombre des siéges égalait celui des batailles : pendant la guerre de sept ans, pendant les guerres de la révolution française même, la prise d'une place était le but de toute une campagne : si la place résistait, la campagne était manquée. Mais à présent, les places n'ont plus qu'une importance secondaire : le vainqueur les néglige et les tourne en se contentant de les faire observer et en laissant à ses réserves le soin de les assiéger. Nous avons même vu les Autrichiens (dans la campagne de 1859), forcés à la retraite par les batailles de Magenta et de Solferino, abandonner volontairement des places qu'ils occupaient depuis quarante ans.

La longue période de paix qui suivit les guerres de l'Indépendance vit s'accréditer cette opinion, basée sur le peu de profit que la France avait, pendant les campagnes de 1814 et

1815, tirés de sa triple ligne de forteresses : « Que désormais les États ne devraient plus s'entourer d'un cordon de petites forteresses, mais s'appliquer au contraire, à fortifier quelques points principaux, spécialement les villes populeuses et industrielles, et à les mettre en état de servir de points de concentration et de ralliement à une armée battue ou en retraite, et de points d'appui à cette même armée refaite pour reprendre l'offensive. »

Cette opinion, contre laquelle la catastrophe de Metz n'est qu'un argument d'une valeur douteuse, est depuis longtemps la seule admise, et on n'a, dans cette période de paix, construit ou réparé que de grandes forteresses : comme exemples nous citerons en Allemagne Kœnigsberg, Posen, Cologne, Coblentz, Mayence et Ulm ; en Autriche Vérone, Cracovie, Olmütz et le camp retranché de Lintz ; en France Metz, Lyon et Paris ; ces deux dernières villes, il est vrai, ont été fortifiées pour des raisons qui se rattachent plutôt à la politique intérieure qu'à un système militaire.

Les murailles dont, il y a bientôt dix siècles, l'empereur Henri entoura les villes allemandes, étaient destinées à assurer la sécurité de leurs habitants.

Même pendant la guerre de trente ans et la guerre de la succession d'Espagne, les murs et les fossés des villes leur permettaient, sinon de faire une longue résistance, au moins d'obtenir des capitulations qui les préservaient de la dévastation réservée aux villes ouvertes. Aujourd'hui au contraire, le plus grand nombre des habitants des villes populeuses et industrielles considèrent les fortifications en temps de paix comme une incommodité et comme un obstacle à l'extension de la ville ; en temps de guerre comme une menace incessante de ruine.

Des auteurs politiques et militaires ont, dans ces dernières années, traité cette question : ils se sont demandé s'il ne conviendrait pas de délivrer les grandes villes des enceintes qui les étouffent et nuisent à leur commerce et à leur industrie.

Outre le préjudice qui en résulte pour la fortune nationale, ces auteurs reprochent aux VILLES FORTERESSES de n'avoir aucune valeur au point de vue militaire, et leur opposent le système des forteresses PUREMENT MILITAIRES. (1)

Ces deux opinions différentes, auxquelles vinrent se joindre une foule de controverses techniques, ne purent se combattre que par des théories, car, depuis l'adoption des canons rayés, la pratique n'avait fourni aucun exemple important.

Nous avons vu qu'en 1859, les Autrichiens avaient évacué sans coup férir Pavie, Plaisance, Pizzighettone, et que Napoléon III avait fait la paix devant le quadrilatère, regardé alors comme indispensable à la sûreté de l'Allemagne. En 1860, on eut les deux siéges d'Ancone et de Gaëte : mais l'assiégeant n'avait que quelques canons rayés, l'assiégé n'en avait pas ; de plus, ces deux siéges n'eurent aucune influence à exercer sur les opérations de deux armées en rase campagne. En 1864, les Danois évacuèrent sans résistance le Danewerk dont les ouvrages n'étaient, ainsi que ceux de Duppel, que de la fortification passagère ; de plus, l'artillerie danoise était fort inférieure à celle des Prussiens. La guerre de 1866 a peut être porté plus de préjudice à la cause des places fortes. Au début de la guerre, les Autrichiens ne se servirent presque pas de leurs places fortes de Josephstadt, de Theresienstadt et de Kœniggrätz à l'abri desquelles leurs

---

(1) HERTZBERG. *Considérations sur le système qui consiste à ne fortifier que les grandes villes*. Halle, 1871. — Les défenseurs des forteresses exclusivement militaires étaient, dans le siècle passé, le maréchal de Saxe, et, parmi les contemporains, Bousmard et Pertuisier. L'ouvrage de ce dernier, *Essai sur un nouveau système de fortification*, couronné en 1821 par le comité français d'artillerie, a été traduit par le général-major von Heyer.

troupes auraient pu s'organiser ; l'armée battue ne se reposa que fort peu de temps à Olmütz : enfin la position de Cracovie, qui menaçait les communications des Prussiens, ne servit à rien. La guerre de la sécession nous fournit plus d'exemples, et notamment les siéges de Wicksbourg, de Port-Hudson, de Charlestown et de Wilmington : mais les fortifications de ces villes étaient en grande partie passagères; les armées, composées de milices, ne renfermaient qu'un petit nombre d'officiers instruits : enfin, le théâtre de la guerre, très-étendu, n'ayant que les chemins de fer comme voies de communication, diffère trop de l'Europe centrale, pour que, de ce qui s'est passé en Amérique, nous puissions déduire ce qui se passera en Europe.

Aussi, jusqu'à une nouvelle expérience, la guerre franco-allemande peut seule nous donner des enseignements sur la guerre des forteresses : nous allons essayer, dans ce qui suit, de tirer de chaque fait les enseignements qu'il comporte.

DES CAUSES QUI ONT MODIFIÉ LA GUERRE DES FORTERESSES.

Les différences qui existent entre les guerres de nos jours et celles des temps passés proviennent des changements apportés dans les voies de communication, l'organisation et l'armement des troupes.

La constitution des armées est basée, chez presque toutes les grandes puissances européennes, sur l'obligation universelle du service militaire : l'armée ne comprend plus, comme autrefois, une portion seulement de la population valide (mercenaires ou conscrits), mais toute cette population. Le gouvernement peut, si la guerre semble probable, mettre rapidement sur pied tous les hommes en état de porter les armes, et le rapport du chiffre de l'armée à celui de la population n'est plus du tout le même qu'au commencement du siècle. La France de Napoléon Ier, qui s'étendait de Lubeck à Rome et comptait cinquante millions d'habitants, ne mettait en ligne, au temps de sa plus grande puissance militaire (en 1812), guère plus de 300,000 hommes (sans compter ses alliés), répartis sur deux théâtres différents, la Russie et l'Espagne.

Par contre, les troupes de ligne de l'ex-confédération du Nord (dont la population n'atteignait pas 30,000,000 d'habitants), comptaient à elles seules 500,000 hommes sur le pied de guerre, et les troupes de remplacement et de landwehr qui se formaient en deuxième ligne, en comptaient autant.

Avec de pareilles armées, les guerres de nos jours seront nécessairement moins longues. L'agglomération de telles masses nécessite une prompte solution stratégique : le pays ne peut supporter longtemps, — une année, — le poids d'une pareille guerre et combler de longtemps les vides qu'elle fait.

Il ne faut pas, tant au point de vue militaire qu'à celui de l'économie sociale, jeter sur les champs de bataille les classes les plus âgées de celles qui constituent l'armée, — landwehr, garde nationale mobile, — sans que cela soit absolument nécessaire. En général, elles servent à assurer les communications, à occuper les places fortes, et dans le cas d'une guerre offensive, à bloquer et même à assiéger celles de l'ennemi.

L'adoption du service universel influe de deux manières sur la guerre des forteresses :

1° Ce ne sera que dans des circonstances tout à fait exceptionnelles, — soumission complète d'un pays conquis, — que les siéges pourront se prolonger ;

2° On devra avoir des troupes disponibles pour l'attaque et la défense des places fortes sans être forcé de les tirer de l'armée active.

Il n'est pas inutile de faire remarquer combien les voies de communications, chemins de fer, télégraphes, bateaux à vapeur, routes, contribuent à abréger les guerres.

Pour la guerre des forteresses surtout, le développement continuel et croissant des chemins de fer aura pour effet :

1° De permettre d'armer et d'approvisionner, même au commencement de la guerre, des forteresses négligées jusqu'à ce moment, et de construire, pendant la guerre même, de nouvelles places douées d'une force de résistance suffisante, — c'est-à-dire à l'abri d'un assaut;

2° D'accroître l'importance des petites places et des forts qui coupent les lignes ferrées;

3° De permettre, enfin, le rassemblement rapide du parc de siége devant la place menacée et le renouvellement des munitions : l'assiégeant n'aura donc plus, comme jadis, une quantité limitée de munitions, et pourra en faire une consommation incomparablement plus grande que dans les guerres précédentes.

D'ailleurs, rien n'a contribué, autant que les perfectionnements apportés depuis dix ans aux armes à feu, à renverser les règles posées depuis des siècles par les ingénieurs des différentes nations pour l'attaque, la défense et la construction des places fortes.

La force de pénétration, même avec une faible charge, des projectiles des canons rayés permet de battre en brèche, au moyen du tir courbe, des murailles qu'on ne voit pas, et renverse ainsi toute la théorie du défilement : il n'y a peut-être pas aujourd'hui une seule place forte dont on ne pourrait, même à une grande distance, entamer les maçonneries sans couronner le chemin couvert.

Mais si l'emploi des canons rayés rend plus facile l'attaque à une grande distance, il force aussi l'assiégeant à commencer ses travaux plus loin de la place.

Enfin, la rapidité du tir des armes portatives a diminué dans d'énormes proportions la possibilité d'un assaut.

APERÇU DE LA GUERRE DES FORTERESSES (1870-71).

Lützelstein (la Petite-Pierre), est la première des places fortes prises dans la dernière guerre (10 août) par les troupes allemandes. Elle est située dans les Vosges, à un mille et demi au nord de la voie ferrée de Paris à Strasbourg.

Elle fut complétement évacuée à la suite de la bataille de Freschwiller et occupée le 10 août.

Le même jour commença le bombardement du petit fort de Lichtenberg, également situé dans les Vosges, sur le chemin de fer, à deux milles ouest de Wœrth. En peu de temps les bâtiments furent incendiés : la petite garnison tint encore deux jours et capitula — 250 hommes —.

La place forte la plus voisine est Marsal, près de la Seille, sur un rameau occidental des Vosges. C'est un hexagone bastionné que ses escarpes maçonnées, ses fossés inondés et ses vastes inondations rendent propre à une longue défense. On lança sur elle 35 obus de 4 et de 6 : la garnison n'en rendit pas un seul et capitula; la place contenait 61 canons bien approvisionnés, dont 10 rayés de 12; la garnison se composait de 600 hommes de troupes de ligne, dont 2 artilleurs seulement; les quelques obus lancés sur la ville ne causèrent pas de dommages sérieux.

A ces deux succès obtenus avec de l'artillerie de campagne seulement, succédèrent des tentatives infructueuses contre la plupart des places prises plus tard avec l'aide de l'artillerie de siége, entre autres Toul, Verdun, Bitche (1).

---

(1) *Note du traducteur.* L'auteur fait une erreur probablement volontaire : la place de Bitche n'a été rendue qu'après l'armistice du 28 jan-

Parmi les places fortes prises sans l'emploi des pièces de siége se trouvent :

Vitry-le-Français, sur le chemin de fer de Paris à Strasbourg ; cette place se rendit le 25 août, après menace de bombardement, à la 4ᵉ division de cavalerie ; en réalité, un seul escadron, sans artillerie, parut devant la place. La garnison n'était que d'environ 300 gardes mobiles, la plupart sans uniformes, avec 17 canons, dont 3 rayés de 24 et 2 rayés de 12.

La citadelle de Laon capitula le 10 septembre, également devant une menace de bombardement de la 4ᵉ division de cavalerie. Laon coupe les voies ferrées qui conduisent d'Allemagne à Paris. La citadelle est située, ainsi qu'une partie de la ville, sur un rocher escarpé qui domine de plusieurs centaines de pieds le terrain environnant, et pouvait, par conséquent, opposer une plus longue résistance. La garnison se composait de plus de 2,000 gardes mobiles avec 23 canons. On connaît l'épouvantable explosion qui en signala la prise de possession par les troupes allemandes. A la suite de cette catastrophe, le commandant allemand, par trop prudent, fit jeter à l'eau toutes les matières inflammables, poudre, etc... Bientôt après, ces munitions furent en vain demandées par le parc de siége de Soissons qui en avait un besoin pressant pour continuer le bombardement de cette place.

La citadelle d'Amiens, le 30 novembre.

Amiens, importante ville industrielle de 70,000 âmes, est située sur la rive gauche de la Somme ; la citadelle et deux faubourgs se trouvent sur la rive droite (au nord). La citadelle est un pantagone bastionné avec des murs d'escarpe très-élevés ; elle n'est qu'à trois cents pas de la ville.

vier, *et sur l'ordre du gouvernement français* : les Allemands, désespérant de la forcer, se contentèrent de la bloquer.

Les Français avaient voulu fortifier provisoirement toute la ville : on l'avait entourée d'ouvrages en terre et de barricades, lorsque à la suite de la bataille d'Amiens (livrée le 27 novembre à Villers-Bretonneux, un mille de la ville) l'ennemi parut plus tôt qu'on ne l'attendait. La garnison se composait de trois brigades de l'armée du Nord (en majorité garde mobile), qui, dans la nuit qui suivit le combat, évacuèrent la ville, d'accord, probablement, avec la partie riche de la population. Le commandant de la citadelle refusa de se rendre : alors l'infanterie prussienne occupa les maisons les plus rapprochées de la citadelle pour tirer sur les défenseurs du rempart, qui répondirent à coup de canon et de fusil. L'artillerie de campagne prussienne devait se mettre en batterie le lendemain; mais elle n'eut pas à agir; le commandant français fut tué par une balle et son successeur capitula. La garnison se composait de 400 hommes avec 35 canons tous lisses, à l'exception de 2 canons Armstrong qui n'étaient pas encore en batterie.

L'armement encore très-incomplet de la citadelle fut continué immédiatement par les Allemands et augmenté de pièces françaises rayées. Cette citadelle est la seule qui, dans cette guerre, ait eu à tirer sur des troupes françaises.

Vient ensuite ce qu'on appelle le *Coup de main de Rocroi*, du 5 janvier 1871.

La 13ᵉ division d'infanterie était devenue disponible par suite de la capitulation de Mézières; elle avait déjà reçu l'ordre de se rendre par le chemin de fer à l'armée du sud, destinée à empêcher la diversion de Bourbaki ; elle n'avait donc que peu de temps à consacrer à son entreprise. Le 4 janvier au soir, six batteries de campagne de la division, cinq bataillons et deux escadrons se présentèrent à l'improviste sous les murs de la place. Dès que l'artillerie eut pris position autour de la ville, un parlementaire alla, avant le commencement du bombardement, sommer la place et reconnaître la position. La sommation repoussée, on commença le feu. Il dura de onze heures et demi du matin à cinq heures du soir et causa quelques dommages dans la ville ; l'artillerie de la place répondit avec vigueur, mais sans succès. Déjà le commandant prussien, général von Senden, avait donné aux troupes l'ordre de se retirer et envoyé en même temps un nouveau parlementaire. L'adresse de cet officier réussit à décider le gouverneur à capituler. Ce dernier fit même, sur la proposition du parlementaire, donner des armes à des prisonniers prussiens qui se trouvaient dans la place, pour faire exécuter, malgré la garde mobile qui demandait une plus longue résistance, les clauses de la capitulation. La garnison comptait plus de trois cents hommes avec soixante-douze canons.

La forteresse de Phalsbourg est située à un demi-mille au nord du chemin de fer de Paris à Strasbourg, et près de l'important tunnel d'Arschweiler ; elle est construite sur un mamelon dominant, avec une enceinte bastionnée.

Les murs d'escarpe sont visibles à une grande distance ; mais il est difficile d'y faire une brèche praticable, à cause de la nature rocheuse du mamelon. La garnison comptait environ deux mille hommes parmi lesquels un faible bataillon de garde-mobile et six cents échappés de Wœrth, avec soixante-cinq canons.

La place fut bombardée le 14 août par dix batteries de campagne du 6e corps ; malgré l'incendie de soixante-cinq maisons, la place refusa énergiquement de se rendre. On se contenta alors de la bloquer. Le blocus, confié d'abord à de l'infanterie de ligne, fut donné dans la suite à un détachement de landwehr à peu près aussi nombreux que la garnison, avec une batterie de 4.

La nature accidentée du terrain et la présence de bandes

de francs-tireurs qui inquiétaient les environs lui rendirent sa tâche d'autant plus difficile, qu'il avait encore à garder la voie du chemin de fer et le tunnel d'Arschweiler. La garnison fit, du 24 août au 14 septembre, quatre sorties dans chacune desquelles elle réussit à s'emparer des localités environnantes. La batterie de 4 du corps de blocus répondit plusieurs fois au feu que la place faisait sur les grand'gardes en lançant des obus sur la ville. — La famine força la garnison à capituler le 12 décembre.

Le gouvernement général de l'Alsace avait cependant voulu faire une tentative plus énergique de bombardement; mais ce projet ne fut pas exécuté. Deux commissions envoyées pour reconnaître la place se prononcèrent contre un siége régulier par les raisons suivantes :

1° Les murs de la forteresse étant taillés dans le roc, il était très-difficile d'y pratiquer une brèche;

2° Les travaux d'approche ne pouvaient être exécutés dans des conditions favorables;

3° L'importance stratégique de la place n'était pas en rapport avec les sacrifices en hommes que coûterait le siége;

4° L'ennemi était trop démoralisé pour pouvoir faire des sorties fructueuses.

Tout en admettant ce qui précède, l'auteur croit pouvoir remarquer que si l'ennemi était démoralisé (ce qui est admissible après la chute de Strasbourg, car à cette époque les sorties cessèrent), un bombardement énergique, sans brèches et sans approches couvertes, sans grands sacrifices en hommes, aurait eu probablement de bons résultats.

La capitulation de Sedan n'a aucune signification : ce n'est qu'une mauvaise place, sans ouvrages extérieurs, dominée de tous côtés à une petite distance, surtout au N. E. En laissant

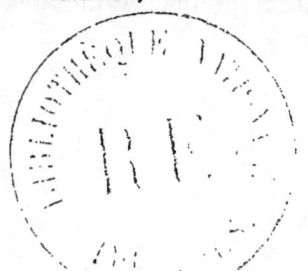

de côté les événements qui ont amené sa reddition, on peut croire qu'elle n'aurait pu opposer une longue résistance à un bombardement énergique.

STRASBOURG.

Strasbourg, avec environ 83,000 âmes, est située dans la partie inférieure de la haute vallée du Rhin, près du fleuve, sur les deux rives de l'Ill, et dans un terrain abondamment pourvu d'eaux. Sa vieille muraille allemande avait été au XVIe siècle, renforcée de quelques cavaliers qui furent les premiers ouvrages en terre : en 1633, on l'entoura, sur la proposition du général suédois Horn, d'une enceinte bastionnée — 17 bastions —. Cette enceinte fut, dans la suite, considérablement renforcée par Vauban qui construisit aussi la citadelle. Des 3 fronts principaux de la place (sud, nord, ouest), les deux premiers sont, ainsi que la citadelle, rendus inabordables par un habile système d'inondations que fournissent deux bras du Rhin, l'Ill, la Bruche et 4 canaux. En avant du front de l'ouest seulement, le terrain s'élève à 16-18 pieds au-dessus des eaux de l'Ill, et à Schiltigheim les ondulations du terrain ont jusqu'à 40 pieds d'élévation : les hauteurs plus importantes d'Hausberg sont à plus d'un demi mille de la ville; les villages qui entourent la ville et n'en sont, pour ainsi dire que les faubourgs, sont en général solidement bâtis. Les revêtements, surtout sur le front de l'ouest, ne sont que la vieille escarpe suédoise épaissie de 5 pieds et élevée de 12-18 pieds : ils ont maintenant 24-30 pieds de hauteur, 15 d'épaisseur à la partie supérieure, 18 à la partie inférieure, avec des contre-boutants de 18 pieds. Les Français, se méfiant de la force de résistance d'une pareille escarpe, avaient pourvu toutes les lignes importantes de couvre-face et de contre-gardes. Les lignes de défense sont mal défilées ; le bastion 12, la demi-lune 50 et la lunette 52 ne sont pas plus élevés que le chemin couvert. Les fossés sont inondés : outre l'escarpe, et surtout sur le front occidental, la contrescarpe du fossé principal est revêtue.

Aussitôt après la nouvelle de la défaite de Wœrth, les Français durent prévoir un siége.

La garnison ne comprenait, outre 2 escadrons de cavalerie, 2 bataillons d'artillerie de siége et 1 bataillon de pontonniers — qui sont compris en France dans les troupes d'artillerie — que de la garde mobile et des bataillons de ligne de nouvelle formation. Le maréchal de Mac-Mahon désigna, le soir de sa défaite, un régiment d'infanterie à peu près intact, le 87e qui avait par hasard son petit dépôt à Strasbourg, pour renforcer la garnison : en outre plus de 5,000 fuyards de Wœrth, de tous les régiments possibles, se réfugièrent dans la place, et on put en former un régiment à 4 bataillons. Il n'y avait en troupes de génie que 20 échappés de Wœrth, avec 5 officiers seulement. Les canons, 1,200 environ, étaient en nombre plus que suffisant ; car, outre les 500 pièces constituant l'armement de la place (l'armement de sûreté français comportait 150 pièces), il y avait encore à Strasbourg le parc de siége français. Ces pièces étaient servies par 3,000 artilleurs, y compris les pontonniers et les marins de la flottille du Rhin, c'est-à-dire par un nombre plus que suffisant d'hommes. La force totale de la garnison était de 18,000 hommes auxquels il faut encore ajouter 7,000 gardes nationaux de Strasbourg, en tout 25,000 hommes. Les renseignements officiels français ne la portent qu'à 16-20,000 hommes.

Le 8 août, les avant-gardes de la division badoise parurent devant la place, et le 12, toute cette division, à peine supérieure en nombre à toute la garnison, compléta l'investissement de la place, opération que les inondations facilitaient beaucoup. Le corps de siége, dont le reste arriva les jours suivants, comprenait outre les Badois la 1re division de réserve et la division de landwehr de la garde — c'est-à-dire plus de la moitié en troupes de landwehr : ce corps dut fournir de nombreux détachements et ne dépassa jamais sensiblement le chiffre de 50,000 hommes.

Pendant les premiers jours de l'investissement, la défense commença l'armement ; la garnison rasa le terrain en avant des fortifications, et palissada le chemin couvert. Au lieu de faire ce travail à peu près inutile, il aurait mieux valu élever de nouvelles traverses. On renonça naturellement aux travaux de fortification passagère qu'on avait projetés lors de la déclaration de guerre, et que les inondations auraient facilement mis à l'abri d'un coup de main ; on renonça également à s'établir dans les villages voisins (1). Notre train de siége, attendu de Munster, n'était pas encore arrivé. Les Français firent pendant ces jours des sorties pour percer la ligne de blocus et se procurer des vivres : une de ces sorties, dirigée le 16 août contre l'Ostwald, tourna mal pour eux : leur cavalerie et leur infanterie s'enfuirent dès les premiers coups de feu et laissèrent 3 canons entre les mains des Allemands. Les Allemands essayèrent avec succès d'entraver l'armement de la place. La première tentative sérieuse de bombardement fut faite le 18 août de la rive droite du Rhin, par l'artillerie badoise, et avec des pièces de siége amenées de Rastadt. Les batteries étaient à 6,000 pas du centre de la ville, et tirèrent sur la citadelle et les bâtiments

(1) Déjà le maréchal de Vauban voulait relier à la défense le terrain en avant de la place, devant le front nord jusqu'au canal du Rhin à l'Ill ; devant le front sud au moins jusqu'au terrain non inondé que traverse le chemin de fer de Kehl.

militaires de l'Esplanade. Le général Uhrich répondit en faisant bombarder la ville ouverte et le village de Kehl qui furent en partie détruits.

Pendant ce temps, le parc de siége prussien était arrivé, et dans la nuit du 23 au 24, on construisit sur la ligne de Kœnigshofen, avec 13 batteries de bombardement armées d'environ 100 pièces rayées de 24 et de quelques mortiers de 50 livres. Le 24 au soir, ces batteries commencèrent leur feu à environ 15-1800 pas de l'enceinte : il dura trois jours, avec plusieurs interruptions, détruisit plusieurs édifices publics et quelques maisons particulières ; toutefois ces dégâts n'étaient pas importants pour une aussi grande ville. Le gouverneur refusa de se rendre.

Ce bombardement, bien que contraire à tous les principes du droit international, est justifié par le bombardement de la ville ouverte de Kehl. Il y a lieu de penser, après les expériences faites depuis sur de plus petites places, que si on avait continué énergiquement cette tentative, en établissant de nouvelles batteries convergentes, on aurait promptement contraint la ville à se rendre, sans lui causer des dommages plus grands que ceux que le siége en règle lui a fait éprouver. Le quartier général allemand devait bien l'avoir déjà reconnu : mais si, malgré cela, il s'est abstenu de bombarder la ville, c'est probablement en considération de l'origine allemande de ses habitants ; cette seule raison lui a épargné le sort de Mézières, Thionville, Brisach et Péronne.

L'infanterie employa les trois jours suivants (plutôt les trois nuits) à pousser ses avant-postes jusqu'à 400 pas des fortications. La large inondation qui entoure Strasbourg ne permet d'attaquer que le côté ouest de la forteresse. Après la reddition, on a trouvé dans les archives du génie français deux plans d'attaque, l'une contre le front de la porte de Pierre, à peu près conforme à celle qui a été exécutée par les

Prussiens, l'autre contre le bastion gauche de la porte nationale. La seconde paraissait plus avantageuse aux ingénieurs français, l'inondation était peu considérable devant ce front, il n'y avait pas de lunettes à prendre avant de songer à faire brèche au corps de place, et cette attaque ne pouvait pas être prise en flanc et battue par les feux d'ouvrages latéraux. Aussi la défense n'attendait l'attaque que de ce côté ; ce front avait reçu un puissant armement d'artillerie, les mines avaient été complétement préparées. Mais l'attaque la moins avantageuse en théorie était la plus favorable en pratique.

Dans la nuit du 29 au 30 on ouvrit la première parallèle contre Strasbourg, à 7-800 pas de la place : on construisit en arrière de cette parallèle 10 nouvelles batteries 14-25 (en tout 46 pièces rayées de 12 livres). Parmi les batteries de bombardement on conserva seulement celles qui étaient armées de mortiers, et celles dont les canons enfilaient les lignes de défense de la place. On ne construisit pas, bien qu'on en eût formé le projet, les batteries que la théorie prescrit d'armer de pièces de campagne. Plus tard, quand on acquit la certitude que toutes les sorties se faisaient par la porte de Saverne, on établit en face de cette porte une batterie de 4-6 livres qui fut la seule. Le lendemain matin, le feu commença : il fut dirigé sur les pièces ennemies qui ne répondirent que faiblement.

On put faire d'aussi rapides progrès grâce à l'inertie de la défense, au manque de préparatifs ou plutôt à ces deux raisons réunies. La garnison n'éclaira le terrain en avant de la place ni par des pots à feu ni par des patrouilles : elle ne fit aucune sortie énergique, ce qui aurait empêché — au moins dans cette première nuit, la construction de la parallèle. Quand le mouvement des batteries de bombardement du 24 au 1er lui eut montré le front qui serait probablement attaqué, elle ne fit rien pour augmenter soit l'artillerie, soit la force défensive de ce front et des deux fronts voisins. La force de la garnison permettait certainement de placer sur le rempart un nombre de canons suffisant pour combattre avec avantage les batteries allemandes relativement faibles. Ce ne fut que dans la nuit du 1er septembre que les défenseurs renforcèrent leur artillerie : ils eurent dans la matinée une certaine supériorité : mais les canons allemands avaient également été renforcés pendant la nuit (batterie 26-28), et dans l'après-midi le feu des Français se ralentit considérablement : on leur démonta plusieurs canons et on leur démolit un nombre considérable d'embrasures. Le succès de l'artillerie prussienne permit d'avancer immédiatement.

Dans la nuit du 2 septembre, on fit à la sape volante les approches et une partie de la deuxième parallèle, cette dernière à 3-400 pas du chemin couvert. Bien que les Français eussent vu les travaux exécutés dans ces dernières nuits, ils ne firent encore rien pour les éclairer et les détruire. Les pionniers prussiens, enhardis par ces résultats, continuèrent leur travail pendant le jour; mais alors le feu d'artillerie et de mousqueterie de l'ennemi commença : deux officiers ingénieurs d'un grade élevé se firent héroïquement tuer en dirigeant en personne la rectification d'un travail mal exécuté pendant la nuit, et on cessa de travailler le jour. Le travail, déjà contrarié par le mauvais temps, ne put continuer que la nuit. Les Français commencèrent alors à faire des sorties, généralement avec de petits détachements : ils réussirent néanmoins à retarder jusqu'au 6 l'achèvement de la deuxième parallèle. La seule sortie considérable fut faite dans la nuit du 3, sous les ordres du colonel du 87e : elle vint le long du chemin de fer contre la droite des travaux d'attaque, franchit les 1re et 2e parallèles et faillit s'emparer d'une batterie prussienne.

On continua pendant ces nuits à renforcer les *batteries de jet et les batteries de démolition* (batt. 29-37, plus 16 a, 17 a, 19 a, 21 a), et on doubla le nombre de leurs pièces. Les batteries de mortiers furent toutes portées de la première à la deuxième parallèle, autant pour augmenter leur effet que pour ménager les pièces et les affûts (1).

Le 9 septembre on avait annulé l'action de tous les canons des remparts, à l'exception d'une seule pièce placée dans un ouvrage latéral. La rapidité avec laquelle on avait obtenu ces résultats est due probablement au peu de hauteur des affûts français, à la profondeur qu'il faut, par suite, donner aux embrasures, et au manque de traverses sur les remparts. Les carabines de rempart furent très-utiles à l'assiégeant qui, pendant le siége, s'en servit beaucoup et avec succès contre les artilleurs ennemis. Pendant ces progrès de l'attaque, l'artillerie badoise de Kehl fit le bombardement de la citadelle qui dura sans interruption jusqu'à la fin du siége. (Avec 16 p. rayées de 24, 16 p. r. de 12 et 12 mortiers de 25-60 livres). On lança en tout plus de 30,000 projectiles sur la citadelle dont les bâtiments, sauf une seule maison, furent détruits de fond en comble : on l'empêcha ainsi de tourner ses feux contre les travaux d'attaque et la garnison de la ville ne put pas s'y réfugier : ces résultats furent obtenus, à notre avis, avec une dépense relativement faible de munitions. Sur ces entrefaites, le train de siége avait été augmenté d'un certain nombre de pièces rayées de 24 court, et de mortiers rayés de 21 centimètres (72 livres). Ces deux bouches à feu n'avaient encore été expérimentées que par la commission d'essai de Berlin, et n'avaient jamais été données aux troupes. Le 24 rayé court a sur le long l'avantage d'être moins lourd : ses projectiles (obus allongés avec une charge d'écla-

---

(1) Il y a eu en tout 9 mortiers et 4 affûts mis hors de service pendant le siége.

tement de 4 livres au lieu de la charge ordinaire de 1 livre 25 loth. — Le loth vaut 15 grammes) peuvent servir au 24 long. Le mortier rayé, dont la puissance avait été beaucoup exagérée, servit peu. Sa portée est minime, 2-3,000 pas, et un nombre relativement considérable de ses projectiles n'éclatent pas (1).

Le 8 septembre, ces pièces (batt. 5 et 35) commencèrent à tirer à environ 2,000 pas, et à peu près dans la direction de la capitale, sur la lunette 44 qui prenait en flanc les travaux d'attaque les plus éloignés ; sa garnison l'évacua le même jour. Les Français, désespérant d'obtenir de bons résultats avec leurs canons, commencèrent à placer un grand nombre de mortiers derrière les remparts : quelque fois aussi des canons tiraient indirectement par dessus le parapet, mais rarement et sans régularité. Dans la nuit du 11, on put (ce qui n'était presque jamais arrivé à la guerre), exécuter à la sape simple, et sans perte, les travaux d'approche de la 3e parallèle et cette parallèle elle-même : on continua à avancer ainsi la nuit suivante, et ce ne fut que la troisième nuit que le clair de lune nécessita l'emploi du gabion roulant : en même temps, on plaça des mortiers de 7 livres dans la 2e parallèle, des mortiers de 50 livres en arrière, et l'inertie des défenseurs permit de placer en avant de la 2e parallèle des pièces rayées de 6 livres, destinées à jouer le même rôle que les carabines de rempart. Les défenseurs n'opposaient à tous ces progrès que le feu de leurs mortiers. Mais même avec des mortiers, les artilleurs français ne se hasardaient pas à rester toujours à leurs pièces ; leurs bombes partaient

(1) La plus grande partie des projectiles lancés par ces mortiers ont été trouvés devant Strasbourg : ils n'avaient pas éclaté : ceux qui sont censés avoir éclaté sont pour la plupart intacts chez les habitants de la ville, ou soigneusement nettoyés et mis en vente dans les magasins de curiosités.

en même temps du même point (généralement quatre à la fois, et probablement au moyen d'une mèche) : les batteries prussiennes répondaient aussitôt dans cette direction ; le feu cessait alors pendant assez longtemps pour recommencer ensuite de la même manière. Il est clair qu'une telle régularité rendit bientôt l'assaillant prévoyant : du reste le feu des mortiers ne causa aucun dommage. Les pionniers allemands avaient pris, en abordant les glacis, possession des galeries de mine de la place. La garnison, n'ayant pas de mineurs, ne put se servir de ce puissant moyen de défense qui, vers la fin du siége du reste, avait été mis hors de service par une trop grande élévation du niveau de l'inondation. Il n'est pas encore arrivé qu'une place forte, qui compte toujours parmi ses ingénieurs et son nombreux personnel d'artillerie des personnes plus ou moins au courant des opérations techniques d'un siége, ait jamais été hors d'état, même sans mineurs, de charger et de faire agir des fourneaux de mine.

Deux lunettes se trouvaient devant le front d'attaque, les n°s 52 et 53 : la lunette 52 était pourvue d'une escarpe maçonnée. La batterie 8, (4 p. courtes de 24) située à droite de la route de Wissembourg, et à une distance d'environ 1,300 pas, reçut l'ordre de faire brèche, par le tir courbe, à la face droite de la lunette 53. La direction de la ligne de tir était oblique au mur d'escarpe : la profondeur et le peu de largeur du fossé, la difficulté du tir oblique, l'impossibilité d'observer les effets du tir empêchèrent pendant deux jours la batterie d'atteindre son but. L'opération fut encore contrariée par le couronnement exécuté à la sape volante dans la nuit du 16 devant les deux lunettes : ce couronnement augmenta la hauteur du terrain devant la brèche et la batterie dut, au milieu de l'accomplissement de sa tâche, recourir à une autre combinaison de la charge et de l'angle de tir. Mais quand le troisième jour, 16 septembre, on eut découvert les issues dans la contre-escarpe des galeries de mine dont les Français ne s'étaient pas servis, on put observer les effets du tir et la brèche réussit (1). On acheva le 20 et le 21 les descentes dans les fossés et les passages sur les fossés inondés des deux lunettes dont les pionniers firent alors l'attaque. Devant la lunette 53, il fallut en outre faire sauter le mur de contre-escarpe.

L'ennemi ne nous opposa que le feu de ses mortiers et un feu plongeant, souvent mal dirigé, de mousqueterie. Depuis l'affaire de la 2e parallèle, les Allemands ne se montraient jamais pendant le jour au-dessus du parapet. Devant la lunette 53, le fossé était beaucoup plus profond, environ 12 pieds : on y construisit d'abord un pont de tonneaux qu'on transforma ensuite en chaussée en le couvrant de pierres, de sacs de sable et de fascines. Les Français abandonnèrent les deux lunettes sans résistance en y laissant leurs pièces, et l'assiégeant les occupa avec une perte insignifiante. Les lunettes renfermaient des logements, plus la place nécessaire pour des mortiers de 7 livres et un emplacement pour des pièces rayées de 6 livres qu'on eut la permission d'y établir sur des affûts de siége, bien qu'elles ne fussent pas nécessaires.

On put alors essayer de faire brèche à l'enceinte même de la place. Deux batteries (n° 42, 6 pièces rayées de 24 court contre le bastion 11; n° 58, 4 pièces semblables contre le bastion 12) commencèrent leur feu à environ 900-1,000 pas, l'une le 23, l'autre le lendemain. Les effets du tir pouvaient être observés des lunettes : le 27, après 3 jours de feu, le mur s'écroula sur une largeur d'environ 30 pas; en outre,

(1) Un officier ingénieur avait constaté, en se suspendant à une corde, la présence dans la contrescarpe des issues des galeries de mines : on rechercha alors ces dernières au moyen d'une galerie partant de la troisième parallèle.

les murs de la gorge du bastion 12 s'écroulèrent par accident. On avait en même temps achevé peu à peu le couronnement et on y avait construit 3 contre-batteries (51-53-54).

Il fallait encore, pour pouvoir donner l'assaut, rendre la brèche praticable en abattant les parapets en terre restés en partie debout, et établir des passages, du côté de la contre-escarpe, sur deux fossés inondés, du côté de l'escarpe, sur les contre-gardes non revêtues et inoccupées. On avait essayé de démolir les écluses de l'Ill pour faire écouler l'eau des fossés, mais les défenseurs avaient construit derrière les écluses des barrages en terre et en pilotis.

Les Allemands comptaient pouvoir donner l'assaut au bout de trois ou quatre jours : mais les défenseurs qui n'avaient jamais combattu l'attaque que par leur feu d'artillerie et de mousqueterie n'attendirent pas l'assaut; la place capitula dans l'après-midi du 27 septembre : la reddition fut probablement précipitée par l'explosion d'un magasin qui contenait toutes (?) les fusées percutantes de la place.

Les ingénieurs allemands trouvèrent la brèche du bastion 12 impraticable, et une mine qu'on y fit jouer produisit tout son effet en arrière sans attaquer la brèche : aussi les Allemands avaient désigné le bastion 11 pour l'assaut principal, surtout parce que le cavalier qu'il renfermait devait donner aux assaillants qui avaient franchi la brèche un point de ralliement et un abri. Un assaut aurait sans doute réussi : la garnison — nous avons pu le voir à sa sortie de la place — était trop démoralisée pour pouvoir opposer une résistance énergique. Loin de nous la pensée de vouloir rabaisser le mérite des assiégeants : les ingénieurs allemands se sont acquis au siége de Strasbourg une gloire impérissable ; mais il faut cependant mettre la plus grande circonspection à tirer de ce siége des enseignements pour l'attaque régulière des places.

La défense de Strasbourg ne mérite pas les éloges que la France lui prodigue : elle a été très-faible, plus faible que celles de plusieurs petites places dont les commandants sont traduits devant des conseils de guerre. Nous ne voulons pas jeter la pierre au gouvernement : l'absence si coupable de préparatifs a dû lui créer de grands embarras, et il devait être bien difficile de faire quelque chose avec ces « *fuyards de Reichshoffen.* » (1)

En résumé, les fautes principales à reprocher à la défense et qui ont déterminé la prompte chute de la place, sont, abstraction faite des fautes antérieures au commandement du général Uhrich :

1° La faute commise par les officiers ingénieurs en renonçant à la guerre de mines préparée pendant la paix ;

1) Dans une brochure intitulée : *la Défense de Strasbourg en 1870*, par Moritz Brunner, capitaine de l'état-major du génie autrichien, l'auteur, tout en rendant justice à la conduite des Allemands, ne cache pas sa sympathie pour les Français : il affirme, entre autres choses : « Strasbourg aurait pu, dans l'état où elle était le 27, résister encore énergiquement pendant trois semaines ; si on avait voulu se défendre dans les maisons, le siège aurait pu durer trois mois encore. » L'auteur oublie que l'esprit de la garnison ne se prêtait pas à une résistance « un peu énergique. » Les trois semaines dont il parle pouvaient, nous en sommes convaincus d'après la situation réelle, se réduire à trois jours. Le passage sur les deux fossés et la contre-garde aurait été effectué sans obstacle, peut-être même sans être vu, en plein jour et sur de simples ponts flottants, aucun défenseur ne se montrant au-dessus des parapets. Nous sommes convaincus que les brèches étaient presque praticables, comme devant la lunette 53. Le capitaine Brunner, qui a fait le voyage de Strasbourg aussitôt après la reddition, oublie trop que les documents français auxquels il puise sont altérés par la passion Il dit à la page 65 : « Il est certain que la population était opposée à la capitulation. » Nous en doutons fort et notre doute se base sur la proclamation faite, le 28 septembre, par le maire Kuss, presqu'en même temps que celle du général Uhrich. Sans vouloir déconsidérer la conduite des habitants, nous ferons remarquer que s'ils ont nourri les ouvriers qui manquaient de pain, c'était autant par mesure de prudence que par envie de bien faire. Nous croyons, en outre savoir, d'après ce qui nous a été dit par des habitants de Strasbourg, que, malgré tout le dévouement des Strasbourgeois à la France, la classe moyenne com-

2° Celle de n'avoir pas construit immédiatement des traverses sur le front probable d'attaque ;

3° De n'avoir pas, au commencement du siége, éclairé le terrain en avant des fortifications, et de n'avoir ordonné ni patrouilles, ni reconnaissances ;

4° De n'avoir pas poussé les sorties plus loin ;

5° D'avoir reconnu trop tard le front d'attaque, et de n'avoir pas préparé à temps le combat d'artillerie ;

6° L'infanterie française n'a pas été à la hauteur de sa mission ;

7° L'artillerie a manqué d'une bonne direction ;

8° Elle n'a pas fait, comme elle l'aurait dû, un feu puis-

mençait à se lasser du siége et cherchait à agir sur le gouverneur. Mais la plus grande erreur du capitaine Brunner est celle qu'il commet à la page 61 : « L'esprit de la garnison était excellent. » Nous opposerons à cette affirmation le fait suivant : c'est qu'on ne pouvait décider les artilleurs à aller aux remparts qu'en leur donnant une gratification de 5 francs par jour ; encore faillirent-ils, dans la suite, refuser complétement d'y aller. Ceux qui ont vu sortir la garnison française de la place ont pu remarquer non pas son bon esprit, mais l'impuissance et l'indiscipline qui suivent toujours le découragement. Le conseil de défense vota la capitulation à l'unanimité : presque tous ses membres sont cités élogieusement par le capitaine Brunner, qui n'inflige de blâme qu'au gouverneur. Nous croyons que le capitaine Brunner aurait de la peine à formuler une accusation nette contre cet officier trahi par la fortune. Des dix-neuf chefs d'accusation formulés contre lui, un seul est plausible, c'est le manque de sorties : d'un autre côté, le général Uhrich ne pouvait guère en tenter après la conduite de l'infanterie française dans celle du 16 août. Le projet, vanté par le capitaine Brunner, de sortir avec 15,000 hommes, aurait certainement amené, grâce à l'inondation, la prise de la plus grande partie de ce corps.

Les fautes techniques que le capitaine Brunner reproche au **général Uhrich** ne peuvent être imputées qu'à ses subordonnés ; un officier, à la fois ingénieur et artilleur, pouvait seul être à hauteur de cette tâche.

Le commandant d'une place doit surtout s'occuper de maintenir ou de rétablir, comme c'était le cas à Strasbourg, la discipline et l'abnégation dans sa garnison. Le général Uhrich n'a pas bien rempli **cette mission** ; mais nous croyons que, dans les mêmes circonstances, tout autre général français n'aurait pas fait beaucoup mieux que lui.

sant passant par dessus les remparts, et venant surtout des fronts voisins du front d'attaque.

Et malgré toutes ces fautes, nous croyons que si la garnison n'avait pas été démoralisée, un assaut aurait difficilement réussi. Il était très-possible de placer en arrière des ruines du faubourg de Pierre en partie inondé, des canons braqués sur les bastions 11 et 12, et de poster dans les fronts voisins des masses d'infanterie pour chasser les assaillants de la brèche. Il fallait concentrer des feux sur la brèche, couvrir le sol de chausses-trappes, et faire faire, pour assurer la sûreté de la ville, dans le cas où l'assaut aurait réussi, une coupure entre le canal des faux remparts et les bâtiments de la gare.

L'investissement de Strasbourg a duré 46 jours et le siége régulier 31 jours.

En y comprenant les projectiles des canons de campagne, on a lancé sur la place plus de 210,000 projectiles, dont 150,000 avec des pièces rayées. Outre un nombre variable de pièces de campagne, les assiégeants ont employé :

46 pièces rayées de 24 long.
12   id.   24 court.
80   id.   12
20   id.   6
27 mortiers de 50-60 livres.
24   id.   24-25 *id.*
30   id.   7 livres.
2 mortiers rayés de 21 centimètres.

En tout, 241 bouches à feu.

Sans compter l'attaque faite sur la citadelle par l'artillerie badoise, le tableau suivant donne la consommation de munitions faites devant Strasbourg par l'artillerie de siége prussienne.

NOMBRE des canons.	CALIBRE DES CANONS.	CONSOMMATION TOTALE					MOYENNE PAR PIÈCE.					
		OBUS.	OBUS longs.	OBUS à balles.	BOITES à mitraille.	BOMBES.	OBUS.	OBUS longs.	OBUS à balles.	BOITES à mitraille.	BOMBES.	TOTAL des coups.
20	Pièces rayées de 6.....	8.249		3.271	13		412		199	1		612
64	Id. 12.....	45.181		11.413			711		178			835
30	Id. 24 long. .	28.365	600	4.613			946		154			1.100
12	Id. 24 court. .		3.278	417		22.831		273	35		761	308
2	Mortiers rayés de 21 cent.					19.958		300			998	300
	Mortiers de 7 livres. . . .					57.769					789	789
	Id. 25 id. . . .			19.714	13	14.980						
	Id. 50 id. . . .	82.038	3.878									

Total général : 163.472

La grande consommation faite par les pièces de 24 long et les mortiers de 25 court est due à ce que ces deux bouches à feu ont pris seules part au bombardement. Pendant la lutte avec l'artillerie de la place, chaque pièce tirait 50 coups par jour, et après cette période, environ 25 seulement. Dans le même temps, le feu des mortiers tomba de 50 à 35 coups.

Les pièces de siège étaient servies par 37 compagnies d'artillerie de forteresse, dont 5 badoises à Kehl. On employa en outre 17 compagnies de pionniers. Des 1,200 pièces des assiégés, 92 furent démontées : la garnison comptait au moment de la reddition, 27,000 hommes (y compris les blessés et les malades), dont un quart de garde nationale. La perte totale des assiégeants a été de 906 hommes ; celle des assiégés d'environ 3,000 hommes. Il y eut en outre 261 habitants de Strasbourg tués et 900 blessés (1). Environ 400 maisons de la ville ont été détruites par le bombardement, et doivent être reconstruites.

TOUL.

Toul, ville de 9,000 h., située sur la Moselle, avait une importance particulière pour l'armée allemande, comme étant le premier point d'interruption du chemin de fer de Paris à Nancy. Les fortifications de cette place, qui est de 2ᵉ classe, se composent d'une simple enceinte de 9 bastions, avec plusieurs redans : les murs d'escarpe sont hauts, visibles de loin ; les fossés sont inondés.

---

(1) Il y eut seulement 40 habitants tués pendant le bombardement.
D'après la *Gazette médicale de Strasbourg*, 280 personnes ont été tuées ou sont mortes de leurs blessures pendant le siège : la garnison eut 553 morts.
La mortalité totale pendant le siège a été de 1,132 personnes ; en temps ordinaire elle n'est que de 363 pour la même période. Pour les enfants au-dessous de trois ans, la proportion a été de 303 à 169.

La ville fut bombardée une première fois, le 20 août, à une distance de 2,300-2,500 pas, par 9 batteries de campagne de la 3ᵉ armée (3 batteries bavaroises et l'artillerie du 6ᵉ corps); ces batteries étaient placées à peu près à couvert, les premières sur le mont Saint-Michel, les deuxièmes sur les hauteurs de Dammartin. Les pièces prirent position dans la matinée, et le feu commença vers huit heures trois quarts quand une sommation eut été repoussée.

La place n'était pas complétement en état de défense : les glacis n'étaient pas rasés, et 4 pièces seulement des assiégés purent répondre. On tira d'abord sur les remparts, et à partir de 11 heures sur la ville elle-même : le feu des assiégeants incendia une caserne et un magasin à fourrages : il ne causa pas d'autres dommages. Vers deux heures de l'après-midi, on parlementa de nouveau, et la ville eut ainsi deux heures de répit qui lui donnèrent à peine le temps d'éteindre l'incendie. On continua ensuite le bombardement pendant une heure, et l'artillerie du 6ᵉ corps se remit en marche sur Châlons. Vu le peu de temps dont on disposait, on en a toujours trop perdu à parlementer et à tirer sur les remparts. Deux autres tentatives échouèrent également : la première fut faite, dans les mêmes positions, par les 7 batteries de campagne de la 17ᵉ division (13ᵉ corps) du grand-duc de Mecklembourg, qui fut chargé du blocus à partir du 12 septembre. Les Français répondirent par un feu très-vif, et les batteries de campagne ne purent allumer aucun incendie sérieux : elles ne tirèrent d'ailleurs que pendant deux heures. L'autre tentative fut faite au moyen des pièces de siège françaises prises à Marsal. Ce parc de siège, servi par deux compagnies d'artillerie comptait 26 pièces, dont 10 canons rayé, de 12, 1 mortier de 27 centimètres, 6 de 22 et 5 de 15, ainsi que 4 obusiers de 22 centimètres. L'approvisionnement en munitions était de 2,460 obus de 12, 80 obus à balles de 12,

1,750 bombes ou obus de 22 centimètres, 500 de 15 cent. et quelques boîtes à mitraille : plus 223 quintaux de poudre.

L'auteur manque complétement de renseignements sur ce bombardement : peut-être pourrait-on en faire une intéressante comparaison avec les siéges de Péronne et de Verdun. D'après les rapides résultats obtenus par les pièces de siége prussiennes devant Toul, il est à présumer que ces 5,000 projectiles creux, bien employés et bien dirigés avaient déjà produit de bons effets.

On fit venir de Cologne 10 pièces rayées de 24, 16 de 12, servies par 3 compagnies d'artillerie de siége ; dans la nuit du 23 on construisit, sans être remarqué de l'ennemi, à 900-1,000 pas de la place, des batteries (tir courbe, de ricochet et de brèche) dans lesquelles on mit, outre les pièces venues de Cologne, les 6 mortiers français de 22 cent. et 3 batteries de campagne. Elles commencèrent leur feu au jour, réduisirent en très-peu de temps l'artillerie de la place au silence, et n'éprouvèrent, malgré la petite distance, que des pertes insignifiantes. Le violent feu de mousqueterie auquel la garnison eut alors recours demeura également inoffensif : à neuf heures des incendies considérables commencèrent à différents endroits ; après huit heures de bombardement, le drapeau blanc fut hissé sur la cathédrale. La garnison comptait 2,400 hommes avec 197 canons, dont 48 rayés, et avait encore pour un mois et demi de vivres. Il est à croire qu'au début de ce bombardement, les défenseurs comptaient faire une vigoureuse résistance, car ils avaient mis le feu à deux faubourgs qui n'étaient pas fortifiés.

Après la prise de Toul, l'artillerie de siége se divisa : 3 compagnies avec le matériel prussien et les mortiers français marchèrent sur Soissons : 2 autres avec le matériel français se dirigèrent sur Verdun.

SOISSONS.

Soissons compte environ 12,000 h. C'était encore, à l'époque de la guerre de l'indépendance, une ville presque ouverte. Les Russes la prirent d'assaut le 13 février 1814, après une vive résistance, et la pillèrent; évacuée de nouveau, elle tomba une deuxième fois au pouvoir des alliés (Russes et Prussiens du corps de Bulow), au moment où Napoléon marchait à sa délivrance, mais cette fois par capitulation et après un bombardement de plusieurs heures par des pièces de gros calibre. L'enceinte bastionnée de la ville, achevée en 1840, se compose de forts parapets en terre, de fortes escarpes, de demi-lunes, avec plusieurs ouvrages à cornes détachés; il n'y a pas de citadelle. La contrescarpe n'est pas revêtue; les fossés sont généralement secs et les eaux de l'Aisne ne peuvent passer que dans ceux du front occidental.

Soissons est située sur la rive gauche de l'Aisne, avec une tête de pont sur la rive droite; elle a une grande importance, parce qu'elle coupe le chemin de fer de Reims à Paris. La place avait 4,922 hommes de garnison, artilleurs et fantassins, dont un tiers en troupes de ligne, avec 128 canons et des vivres en abondance.

Le corps de siége était à peine plus fort que la garnison et se composait, sauf l'artillerie et les pionniers, de troupes de la 3e division de landwehr. Il y avait 2 compagnies de pionniers, 4 d'artillerie et 2 batteries de campagne de la réserve. Ces troupes servaient 12 pièces de campagne de 4 et de 6 et le parc de siége employé devant Toul, c'est-à-dire 10 pièces rayées de 24, 16 pièces rayées de 12, 2 mortiers français de 35 centimètres, 4 de 22; les 6 mortiers de 15 centimètres ne furent pas employés.

Les hauteurs de Vaubuin, sur lesquelles on avait déjà, au mois de mars 1814, construit les batteries de siége, sont situées en face du front occidental de la place, du côté de laquelle elles sont à pic ; elles dominent la ville de 100 à 150 pieds. Par suite d'une inconcevable négligence des Français, ces batteries n'avaient pas encore été détruites ; elles existaient encore et consistaient en un parapet de 1 pied 1/2 et un fossé de même dimension. Elles étaient à 1,950 pas environ de l'enceinte et à quelques centaines de pas de moins d'un ouvrage à cornes avancé.

Les Prussiens avaient résolu d'attaquer de ces hauteurs le front opposé de la place, dont on voyait les murs d'escarpe jusqu'à moitié de leur hauteur : ce front n'avait pas de demi-lune, mais une simple place d'armes dans le chemin couvert palissadé. Six pièces rayées de 24 long durent pratiquer une brèche dans la courtine ; les pièces de 12 furent réparties en 3 batteries à ricochet placées à gauche de la première ; la batterie légère de campagne était à l'extrême gauche, à la plus grande distance.

De l'autre côté de l'Aisne, sur les hauteurs de Sainte-Geneviève (environ 3,000 pas de la place), on mit, outre la batterie lourde de campagne, 4 pièces de 24 pour enfiler le front d'attaque ; la batterie de mortiers fut placée en avant, à environ 1,200 pas, derrière la chaussée du chemin de fer, et sur la même rive de l'Aisne.

Toutes ces batteries furent construites dans la nuit du 12 octobre : elles formaient deux groupes, et les batteries de chaque groupe furent reliées entre elles par une tranchée de deux pieds de largeur. La nature rocheuse du terrain rendit l'opération très-difficile ; les défenseurs, à qui des observations faites du clocher de la cathédrale avaient indiqué l'emplacement probable des batteries, en entravèrent la construction en tirant, comme ils le faisaient déjà depuis plusieurs nuits, dans cette direction ; mais ils ne tentèrent aucune sortie ; ils auraient eu, cependant, des chances de réussite.

Toutes ces batteries commencèrent leur feu le lendemain à 6 heures 3/4 du matin ; les Français y répondirent très-vivement. Ils dirigèrent leur feu surtout contre les batteries de la rive gauche de l'Aisne ; l'escarpement en arrière duquel les batteries étaient établies inutilisait tous les projectiles, qui portaient trop en avant, et entrava beaucoup le tir des Français, malgré la connaissance exacte qu'ils avaient de la distance.

Néanmoins l'artillerie française eut l'avantage le premier jour et réussit à démonter deux pièces. L'artillerie assiégeante avait tiré trop vite ; et vers deux heures de l'après-midi, ses munitions étaient presque épuisées. La quantité de munitions rigoureusement déterminée — en prévision d'un siége de 5 à 6 jours — était d'environ 60 coups par pièce et par jour (1).

Le feu prit à plusieurs points de la ville. Le lendemain, les assiégeants eurent l'avantage, et démontèrent des pièces et des embrasures à la place, qui dut ralentir son feu ; on commença alors à battre en brèche. Dans la nuit du 14 octobre, on ouvrit, sans que les défenseurs s'en aperçussent, une parallèle à la sape volante à 100-150 pas du chemin couvert, et le lendemain on mit des tirailleurs dans les parties achevées.

Dans la soirée de ce troisième jour, la plupart des canons de la place furent réduits au silence et le feu des mortiers augmenta d'intensité. Le feu prit dans la ville. On avait fait

---

(1) L'auteur a remarqué qu'au siége de Soissons, les artilleurs, fatigués par les travaux de la nuit, étaient dans de moins bonnes conditions que leurs adversaires. Aussi croit-il qu'il est bon de donner aux servants une nuit de repos avant le premier jour du bombardement. On peut toujours le faire facilement quand on a plus de canonniers que n'en exige le service des pièces.

une brèche d'environ 36 pas à la courtine, et il fallait peut-être un jour encore pour la rendre praticable. La nuit suivante, les assiégeants s'occupèrent d'achever la parallèle ; on y mit des tirailleurs, et on y prépara, comme devant Strasbourg, des emplacements pour deux batteries de campagne ; mais on n'eut pas le temps de les achever. Vers huit heures du soir, le commandant commença à parlementer. La garnison profita de l'interruption du feu pour rendre la brèche impraticable en la couvrant d'abatis. Cependant la place capitula pendant la nuit.

La brèche était battue par les flancs des deux bastions, par deux pièces casematées dont une au moins, protégée par la saillie d'un orillon, était à l'abri du feu de l'assiégeant ; une maison en grosse maçonnerie et intacte, située derrière la brèche, aurait facilité beaucoup l'établissement d'une coupure. Il aurait peut-être fallu des semaines encore pour pouvoir tenter un assaut avec succès. Ici comme partout la capitulation fut décidée par les plaintes des habitants, cachés dans leurs caves et plus menacés dans leur avoir que dans leur existence, et par le peu d'envie que la plus grande partie de la garnison avait de continuer la lutte.

L'assiégeant n'avait plus, lors de la capitulation, que 150 coups par pièce. La ville avait subi des dommages considérables, mais elle était loin d'être détruite. Le siége a brûlé environ 30 maisons, parmi lesquelles malheureusement se trouvait un hôpital, situé derrière le front d'attaque ; son drapeau de Genève, mal hissé, ne fut pas vu, et il brûla avec une partie des malades.

VERDUN.

Verdun est compté au nombre des places de 2ᵉ classe ; elle a une enceinte et une citadelle. La ville, peuplée de 12,000 âmes, s'étend sur les deux rives de la Meuse : elle est entourée de 10 bastions reliés par des courtines beaucoup trop longues. Elles sont couvertes par des demi-lunes, et il y a, en outre, un ouvrage à cornes sur chaque rive du fleuve.

La citadelle, qui commande la ville, est un pentagone irrégulier bastionné, entouré d'une *fausse-braye* ; elle est dominée de tous côtés par des hauteurs du haut desquelles on voit ses murs d'escarpe, et elle ne renferme que peu de casemates.

La position de la place invite au bombardement. Déjà, pendant les guerres de la révolution française, elle avait capitulé le 1er octobre 1792, à la suite d'un bombardement. La garnison se composait, à cette époque, de 3,500 hommes de troupes de ligne, et d'un nombre assez considérable de gardes nationaux, avec 32 canons seulement.

Un ingénieur célèbre, de Bousmard, était directeur du génie de la place. Il avait pris toutes les mesures pour la mettre en état de soutenir un siège ; mais les officiers d'artillerie, Bousmard lui-même, comme tous les ingénieurs d'alors, méprisant l'attaque par bombardement (malgré la chute rapide de Longwy à la suite d'un bombardement), avaient décidé que la place avait assez de canons.

L'armée du duc de Brunswick investit la place le 30 août ; elle occupait les deux rives de la Meuse.

La grosse artillerie qu'elle traînait à sa suite fut placée dans 3 batteries. Le bombardement, interrompu une fois seulement, dura en tout 11 heures, et brûla quelques maisons. Alors une partie de la garnison, appuyée par la population, s'insurgea et força la place à se rendre. Le commandant français, Beaurepaire, refusa de signer la capitulation et se brûla la cervelle. Pendant la dernière guerre, l'artillerie de campagne fit trois tentatives de bombardement sur Verdun : la première fut faite par des batteries saxonnes pendant la marche de l'armée de la Meuse sur Sedan ; la deuxième et la troisième par des batteries de la réserve attachées au corps de blocus.

La garnison était de plus de 4,000 hommes avec 137 canons. Comme Verdun n'était pas relié directement à l'Allemagne par une voie ferrée, il était difficile d'y amener des canons de siége prussiens.

Dans la précipitation avec laquelle on commença le siége, on se décida, malgré l'échec de Toul, à employer des pièces françaises.

On amena de Toul à Verdun deux compagnies d'artillerie de siége avec : 4 mortiers de 22 centimètres, 4 obusiers de 22, 24 pièces rayées de 12, 6 pièces rayées de 24. En dernier lieu, on tira aussi de Sedan une compagnie d'artillerie de siége et 8 pièces de 24. Outre ces pièces françaises, 6 pièces prussiennes de 6 (de la réserve) prirent part au bombardement.

L'attaque se fit de deux côtés : des hauteurs de Belleville sur la rive droite, de celles de Thierville sur la rive gauche de la Meuse. L'auteur croit que, vu la médiocrité du matériel, dont on n'était d'ailleurs pas habitué à se servir, on aurait dû, malgré la difficulté du travail, établir des batteries sur les hauteurs qui, du côté sud, sont beaucoup plus rapprochées de la place.

Les deux attaques, composées chacune de 5 batteries, étaient presque à angle droit ; les pièces étaient à peu près également partagées ; chaque attaque avait une batterie de campagne et 12 pièces de 12 ; l'attaque de l'ouest avait en outre les obusiers et les 8 pièces de 24 venues de Sedan ; celle de droite 6 pièces de 24 et les 4 mortiers.

Les 8 pièces de Sedan devaient battre en brèche ; la

deuxième attaque était à 3,000 pas environ, la première un peu plus près (1).

Le siége fut poussé très-vivement : les batteries furent presque toutes construites dans la nuit du 13 octobre. La nuit précédente, on avait pris aux Français les villages de Belleville et de Regret, situés en avant des attaques. On avait fort peu de munitions : ainsi on dut, la nuit même de la construction des batteries, tourner des sabots en bois et requérir de la colle pour faire des gargousses en papier. En somme, on n'avait que le strict nécessaire, et les 8 pièces de 24 de Sedan n'arrivèrent que pendant qu'on construisait les batteries. Comme on ne savait pas sur quels affûts elles seraient placées, on dut construire les batteries sans connaître la hauteur des bouches à feu. Le papier à gargousses était mauvais et avarié et on avait trouvé dans les charges des pièces de 24 des différences de plus d'une demi-livre. L'approvisionnement était d'environ 200 coups par pièce, et on n'avait pu assurer leur renouvellement.

Croyait-on pouvoir, à une telle distance, avec aussi peu de munitions, avec un matériel inconnu, démonter l'artillerie ennemie et pratiquer en outre une brèche à l'escarpe ? Enfin on avait placé les batteries de brèche sur les points les plus élevés des hauteurs de Belleville, pour voir le pied même de l'escarpe, au lieu de les placer à quelques pas en arrière de ces crêtes, dans une position abritée et avantageuse. Elles étaient ainsi trop loin ou trop près ; construites comme elles l'étaient au sommet des hauteurs, avec les profondes embrasures nécessitées par le peu de hauteur des affûts français, elles devaient présenter à la place le même aspect que les dents d'un peigne.

(1) Les tables de tir françaises donnent la distance de 1,200 mètres comme limite du tir efficace des obusiers de 22 centimètres, qui étaient ici à 3,200 pas de l'enceinte, c'est-à-dire à 4,000 à peu près du centre de la ville.

Les Français, prévenus par la reconnaissance et la prise des villages, se mirent très-bien en garde sur le front d'attaque. Quand les 10 batteries de l'assiégeant commencèrent leur feu au point du jour, ils répondirent par un feu bien dirigé qui causa de grandes pertes, principalement aux batteries de brèche, et démonta plusieurs pièces. Néanmoins nos batteries réussirent à démonter à la place des pièces et surtout des embrasures : il y eut quelques incendies dans la ville, et les bâtiments de la citadelle, sur lesquels on a lancé beaucoup de projectiles qui auraient été mieux employés sur la ville, furent détruits de fond en comble. Le feu fut suspendu après avoir duré 54 heures, à cause de la diminution des munitions ; cependant on aurait pu, quoique difficilement, les remplacer en quelques jours par celles qu'on avait prises dans Sedan, Toul et Soissons. Le siége se réduisit à un simple blocus; les Français réussirent même, plus tard, dans une sortie de nuit, à pénétrer dans les batteries d'attaque et à enclouer les canons qui s'y trouvaient encore. La garnison capitula le 8 novembre, aussitôt après la chute de Metz, à des conditions relativement favorables (conservation du matériel de la place à la France), au moment même où un parc de siége prussien de 60 pièces se dirigeait sur la place.

Le bombardement a donc échoué faute de préparatifs suffisants et de munitions. Des officiers français prisonniers ont dit plus tard qu'au moment où le feu cessa, la capitulation était presque décidée. Peut-être, dans d'autres circonstances, la petite quantité de munitions dont on disposait aurait-elle été suffisante.

METZ.

L'opinion publique considère Metz comme la plus forte place de l'Europe, et cependant c'est une place nouvelle :

peut-être même est-ce là la raison de sa force, car les ingénieurs qui l'ont construite ont pu tenir compte des progrès récents de l'artillerie. La ville, peuplée de 55,000 habitants (1), est située sur la Moselle, qui est déjà navigable. Metz est au point de rencontre de trois lignes ferrées venant de trois points cardinaux, celles de Thionville, Nancy et Sarrebrück; la quatrième, celle de Verdun, était certainement la plus importante quand la place appartenait aux Français; malheureusement pour eux, elle était encore en construction.

L'enceinte de la ville, qui en était la seule fortification jusqu'en 1868, a la forme d'un quadrilatère irrégulier, dont les côtés font à peu près face à l'est, au nord-ouest, à l'ouest et au sud. L'enceinte actuelle est l'œuvre de Cormontaigne, qui a non-seulement renforcé et couvert la maçonnerie des treize anciens bastions, mais a encore construit devant les deux fronts les plus faibles deux doubles couronnes, composées chacune de quatre bastions, les forts Moselle et Bellecroix.

Bellecroix est la tête de pont du bras occidental — gauche — de la Moselle; le bras oriental traverse la ville. Le front du sud, appelé front de la citadelle, est le seul qui ne soit pas protégé par une double couronne; mais il est naturellement très-fort, possède de hauts remparts avec des feux étagés et plusieurs petits ouvrages extérieurs, dont le plus important, la redoute du Pâté, est réuni à la place par des communications souterraines.

Le quatrième front, celui de l'ouest, fait face à la haute vallée de la Moselle, qui y forme l'île Saint-Symphorien; il est naturellement à l'abri de toute attaque directe.

---

(1) Pendant le blocus, la population civile, augmentée d'un grand nombre de paysans, comptait plus de 60,000 âmes.

Metz s'étend dans la vallée de la Moselle, sur les deux rives, et est entourée de tous côtés de hauteurs dominantes. Au nord seulement s'ouvre devant elle une plaine large d'environ un mille.

Les forts détachés, construits autour de la ville en 1868 et 1869, sont dans des conditions exceptionnellement favorables ; le pays accidenté qui entoure la place a ses points culminants immédiatement à côté d'elle, et ne renferme pas de hauteurs sensiblement dominantes, au moins à la distance de la portée efficace de l'artillerie. La ville est à 560 pieds au-dessus du niveau de la mer, et le fort Saint-Quentin à 1,072. Le point dominant le plus rapproché, au sud de Brouveaux, où était l'observatoire du dixième corps prussien, a 1,136 pieds de hauteur, mais il est à vol d'oiseau à trois quarts de mille du fort le plus rapproché (Plappeville). Il y a deux grands forts sur chaque rive de la Moselle : Saint-Quentin et Plappeville (ou fort des Carrières) sur la rive gauche; Queuleu et Saint-Julien sur la rive droite : ces deux derniers, distants l'un de l'autre de plus de 5,000 mètres, sont reliés par le petit fort des Bottes. En aval de la ville, dans la vallée de la Moselle, le fort Saint-Eloy relie le Saint-Julien aux forts de la rive gauche ; en amont, le fort Saint-Privat comble l'intervalle entre Saint-Quentin et Queuleu : ces deux derniers ne sont que des ouvrages de fortification passagère, sans maçonnerie. En outre, des inondations rendent la vallée de la Moselle complétement impraticable au-dessus de la ville.

Les forts détachés sont assez éloignés et assez élevés pour garantir la ville d'un bombardement efficace : ils commandent une étendue de terrain d'environ un mille et demi carré. L'étendue de la place en fait tout naturellement un camp retranché d'après le nouveau système, qui a déjà produit de si funestes effets. Le pays montueux, boisé et peu praticable, situé à l'ouest de la forteresse, était des plus défavorables à l'organisation de l'armée française et constituait un obstacle sur sa ligne probable de retraite.

La déclaration de guerre trouva les forts en construction, les travaux en terre étaient achevés; mais les bâtiments intérieurs des forts et les revêtements manquaient ; on les remplaça par des constructions provisoires.

Le 14 août, les forts ne possédaient encore que l'armement de sûreté, et les avant-gardes allemandes, qui poursuivaient les Français, arrivèrent sans obstacle jusqu'aux glacis des forts Queuleu et Saint-Julien ; elles entrèrent même dans ces derniers (1). La place n'avait pas mieux été approvisionnée en vivres, et cependant il aurait mieux valu, au commencement de la campagne, y mettre les magasins de l'armée que de les laisser dans des villes ouvertes. La garnison, sous les ordres du général Coffinières, comptait plus de 20,000 hommes (bataillons de dépôt de nouvelle formation, gardes mobiles). La place possédait environ 800 bouches à feu (2).

Immédiatement après le combat de Sarrebrück (6 août), le maréchal Lebœuf, major général de l'armée française, ordonna la concentration de cinq corps à Metz. Il est probable que cet ordre, donné au moment où l'empereur commandait encore l'armée, avait pour but de faire coopérer derrière la Moselle ces cinq corps avec les trois que commandait le maréchal de Mac-Mahon. On n'aurait eu, sans cela, aucune raison pour faire venir à Metz le corps Canrobert, qui était à Châlons, au lieu de l'y laisser pour recueillir l'armée, bien plus faible et bien plus éprouvée, du maréchal de Mac-Mahon.

(1) L'erreur est manifeste.
(2) Avant la construction des forts, l'armement de la place était de 486 bouches à feu, dont 157 pièces rayées de place seulement, et 59 (1) pièces de 4 de campagne. Le fort de Queuleu, le mieux armé lors de la reddition, possédait 107 pièces : le Saint-Julien était très-faiblement armé.

Cependant le maréchal jugea ses troupes hors d'état de reprendre position derrière la Moselle, à Pont-à-Mousson ou vers Nancy, et il conduisit son corps, suivi par celui du général de Failly, plus au sud, sur Lunéville, de là, le 11, sur Neufchâteau ; le 15, ses premiers détachements arrivèrent par le chemin de fer au camp de Châlons : le septième corps (Douay) y arriva en entier par une ligne plus méridionale, et s'y réunit au reste de l'armée.

Si les deux armées françaises devaient rester réunies sous le même commandement, la retraite de Mac-Mahon sur Châlons devait être suivie immédiatement — le 10 au plus tard — de celle de l'armée concentrée autour de Metz; en se séparant, les deux armées françaises, plus faibles chacune que les troupes allemandes qu'elles avaient à combattre, furent privées de leur appui mutuel : cet appui seul pouvait amener un prompt revirement capable de sauver, sinon la France, au moins la dynastie.

Il est difficile de se rendre compte des raisons qui ont déterminé l'empereur Napoléon à rester aussi longtemps à Metz (1) (du 6 au 17 août). Il est possible, mais à peine admissible, qu'il ait voulu, comme Bazaine le dit, retarder l'investissement de la place, qui ne pouvait pas, faute de préparatifs, opposer une bien longue résistance. Il est possible, et ce cas se présente fréquemment dans l'histoire de la guerre, que ne sachant quoi faire, il n'ait rien fait, et qu'il cherche après coup des arguments pour justifier son inaction. Nous

(1) Cependant le 12 le maréchal Lebœuf avait été relevé de ses fonctions, et l'empereur avait, d'après la déclaration du comte de Palikao au Corps législatif, abandonné tout commandement. Il est cependant évident — d'après les récentes déclarations du général Trochu à Versailles — que non-seulement l'empereur continua à commander, mais que l'impératrice-régente et le ministre de la guerre Palikao ont eu une influence des plus funestes sur les opérations ultérieures de l'armée française.

sommes autorisés à croire que c'est moins ce souci que la crainte d'être blâmé par l'opinion publique pour avoir livré tout le pays jusqu'aux Argonnes, et une fausse idée du rôle des camps retranchés qui ont causé la funeste apathie de l'empereur et ses indécisions (1).

Quand, après le départ de l'empereur, Bazaine prit le commandement en chef, il était déjà trop tard pour battre en retraite. Si la bataille de Courcelles, livrée malgré le quartier général prussien, ne l'avait pas retenu sous Metz, il aurait pu, dans sa retraite, être pris en flanc et en queue par le prince royal et être forcé de capituler en rase campagne, comme Mac-Mahon à Sedan.

L'armée française eut jusqu'au 17 août la liberté de sortir de Metz. Ce qui en empêcha Bazaine, c'est moins le succès tactique des Allemands à Thionville que la conviction qu'il acquit, à cette bataille, d'être stratégiquement entouré par les armées allemandes. En sortant le 16 au plus tard, Bazaine ne pouvait que passer sur un territoire neutre ou capituler en rase campagne (2). Le 17, l'armée du prince royal était près de la Meuse (sa cavalerie beaucoup au delà) et plus rapprochée que Bazaine de Verdun, son point de retraite. Elle aurait pu attendre les événements de Metz, retarder la marche de Bazaine, et même (le cas était prévu) se diriger de manière à lui barrer la route.

(1) La brochure écrite sinon par l'empereur, au moins d'après ses inspirations : *Des causes qui ont amené*, etc.... » déclare que, le 14 et le 16, personne ne pensait que la retraite sur Verdun pût être coupée. Nous voudrions savoir où l'état-major général français croyait les armées allemandes à cette époque.

(2) Dans ses brochures, qui sont plutôt faites pour obscurcir que pour éclairer l'histoire, Bazaine le donne à entendre sans le déclarer catégoriquement. Dans son rapport sommaire, le maréchal justifie sa retraite du 17 en disant : « L'armée aurait eu à supporter un choc violent qui aurait pu avoir une influence désastreuse sur les opérations ultérieures. »

La bataille de Gravelotte (18 août) enleva aux Français la route du nord par Etain sur Verdun : il ne resta à Bazaine que la route de Thionville, qui fut ouverte pendant deux jours encore, mais seulement à de petits détachements ; il fut ensuite complétement bloqué par une armée au moins de moitié plus forte que la sienne. Le 22 août, à la nouvelle de la marche de Mac-Mahon, trois corps d'armée, qui formèrent l'armée de la Meuse, quittèrent Metz ; l'armée de blocus ne fut alors, malgré l'arrivée de la division de landwehr von Kummer, que peu supérieure en nombre à celle de Bazaine, et, quand le 29 et le 30 août deux autres corps quittèrent le blocus, l'assiégeant fut pendant quelques jours le moins nombreux.

Le 31 août, à la nouvelle de la marche de l'armée de secours, Bazaine fit sa première tentative de sortie par l'est, le côté occidental ne lui étant pas favorable. Le maréchal réussit, avec une grande supériorité de forces, à prendre, le premier jour et la nuit suivante, les villages de Servigny, Noisseville, Flanville et Retonfay, et la ligne de blocus fut, en réalité, percée pendant un certain temps : les Français restèrent ensuite dans leurs positions, et nous croyons qu'ils eurent raison. L'histoire de la guerre ne cite aucun cas dans lequel les assiégés (du moins en grand nombre) comme l'armée française du Rhin, aient réussi à sortir en perçant les lignes de blocus. Dans ce cas, Bazaine aurait dû se précipiter dans l'ouverture (la distance entre Servigny et Montoy est d'environ un demi-mille), faire un changement de front pour marcher sur la ligne prussienne et protéger ses derrières contre les troupes qui l'auraient poursuivi. Combien de temps faut-il pour faire exécuter une pareille manœuvre à une armée de 150,000 hommes? Dans l'hypothèse la plus favorable, le maréchal aurait eu deux routes pour opérer son mouvement, pendant que son adversaire, venant des deux côtés, aurait pu préparer bien plus rapidement une attaque concentrique. Il est du reste probable, vu la supériorité de la cavalerie allemande, que son armée aurait été mise dans un grand désordre. De plus, cette retraite se serait faite dans la direction de Sarrebrück et de l'Allemagne, et les Français auraient dû, tout en soutenant une vive poursuite, se frayer la route du sud-ouest sur Nancy et Lunéville. Il est certain que Bazaine ne conçut pas ce projet, et qu'il préféra garder son armée intacte en prévision d'une paix probablement peu éloignée : ce n'est pas là une faute militaire. Bazaine convoqua un conseil de guerre à la ferme de Grimont, et les chefs de corps furent d'avis de rester à Metz, en donnant cette raison singulière qui se retrouve dans l'écrit de Bazaine : c'est que la place ne pouvait tenir sans l'armée.

La nouvelle de la capitulation de Sedan dut faire disparaître tout espoir d'une prompte délivrance, et ce qui n'avait pas réussi le 31 août dans des conditions exceptionnellement bonnes, devait paraître dans la suite tout à fait chimérique.

Il est inconcevable que cette impossibilité d'une sortie de vive force dans de bonnes conditions n'ait encore été reconnue nulle part, et que toutes les brochures françaises et allemandes aient toujours accusé le maréchal Bazaine.

Les sorties ultérieures des Français, les 22 et 23 septembre, les 2 et 7 octobre, n'eurent pour but que de faire des fourrages et de fatiguer un peu l'ennemi. Dans la dernière sortie importante (le 7 octobre), qui fut dirigée contre le nord, les Français réussirent à s'emparer du château de Ladonchamps et du village des Grandes-Tapes. Le château de Ladonchamps, enlevé par surprise à la division de landwehr von Kummer, fut immédiatement armé d'artillerie par les Français, qui y construisirent des batteries couvertes. Afin de mieux s'opposer aux sorties suivantes, on coupa la vallée de la Moselle par une haie de fils de fer. L'armée allemande avait reçu des renforts en compensation des grandes pertes éprouvées dans les batailles livrées sous Metz, et pour remplacer l'armée de la Meuse (division de landwehr von Kummer, presque aussi forte qu'un corps d'armée, et la 17e division, qui appartenait au corps du grand-duc de Mecklembourg). Elle travailla, en outre, très-activement à fortifier les positions qu'elle occupait. Pour les renforcer, on fit venir cinquante pièces de 12 de siége, et à la fin du blocus, ce nombre fut augmenté de deux pièces de 24.

Ces cinquante pièces de 12, accompagnées de cinq compagnies d'artillerie de siége, arrivèrent le 29 août devant la place : le 17 septembre, on avait terminé les batteries qui devaient en être armées, et dont le but était surtout de soutenir l'artillerie de campagne. Elles furent placées de la manière suivante :

Nos	PIÈCES	POSITION	BUT
I.	10 p. de 12.	A droite en avant du village de Mercy-le-Haut.	Commander la route de Strasbourg et arrêter les sorties.
II.	10 p. de 12.	A gauche du village d'Augny, à droite de la ferme d'Orly.	Tenir en échec les ouvrages de Saint-Privat et inquiéter le camp français qu'ils couvraient.
III.	10 p. de 12.	Sur la hauteur à gauche de Vaux.	Inquiéter le camp français établi dans les villages en avant du fort Saint-Quentin.
IV.	10 p. de 12.	A droite de la route de Thionville à Metz.	Commander la route de Thionville, bombarder les camps français; arrêter les sorties.
V.	10 p. de 12.	A gauche de la route de Thionville à Metz.	Id.
VI.	2 p. de 24 long.	Au village la Grange-Mercier. Cette batterie, construite plus tard, n'a jamais tiré.	Soutenir la batterie n° II et au besoin bombarder la ville.

Ces cinq batteries ont tiré en tout 2,300 coups contre les sorties : la batterie IV a tiré à elle seule 1,500 coups pendant la grande sortie du 7 octobre.

On ne bombarda qu'une fois les positions françaises, ou plutôt les camps qu'elles renfermaient : ce fut dans la soirée du 9 septembre. On y employa la plupart des batteries de campagne de l'armée de siége, mais pas de pièces de siége. Cette tentative força les Français à abandonner une partie de leurs camps, sans leur causer cependant — la distance était énorme, 5-6,000 pas — des dommages sensibles. Comme on avait employé l'angle de tir maximum, plusieurs affûts de campagne se brisèrent; cette tentative ne fut pas renouvelée. Pendant le blocus, les forts ont tiré presque constamment sur les positions allemandes, sans produire des effets en rapport avec le nombre de coups tirés. En raison des grandes distances auxquelles ils tiraient, les Français ont essayé plusieurs fois de placer leurs pièces sans affûts sur des plans inclinés.

On avait fait le plan d'un siége régulier de la place. Le point d'attaque le plus favorable était au sud du fort Queuleu, parce que les autres forts n'auraient pu tirer sur les travaux et entraver leur construction. On aurait, après la prise du fort, bombardé la ville et le camp français. Mais les travaux n'auraient pu, même dans ces conditions favorables, être entrepris que par des forces considérables, et les sorties auraient causé de grandes pertes.

Depuis les premiers jours de septembre, les assiégeants avaient aussi préparé une énorme quantité de fascines pour construire un barrage au-dessus de Metz, entre Arganey et Hanconcourt, et inonder ainsi le camp français. Ce plan (qui aurait été le pendant du siége de Babylone, dans lequel les Perses détournèrent l'Euphrate) ne fut pas mis à exécution. Après des négociations qui durèrent du 13 au 28 octobre, et dans lesquelles fut engagée l'ex-régente, l'impératrice Eugénie, l'armée et la place capitulèrent aux conditions de Sedan. 3 maréchaux, 50 généraux, 6,000 officiers et 173,000 soldats, dont environ 20,000 malades, furent faits prisonniers de guerre. Le matériel conquis comprenait 66 mitrailleuses, 541 pièces de campagne, et environ 800 pièces de siège.

La capitulation arriva, comme on le sait déjà, juste à temps pour empêcher l'armée française de la Loire de profiter des avantages qu'elle avait obtenus, le 9 novembre, à Coulmiers.

THIONVILLE.

Thionville, 7,400 âmes, est sur la Moselle, en aval de Metz, et à 3 milles à peine de cette place; elle était jadis opposée, avec Longwy, à la forteresse fédérale de Luxembourg.

La place est fortifiée très-régulièrement d'après les principes de l'école dite de Mezières : devant les bastions et les demi-lunes, il y a des contre-gardes, puis le chemin couvert, et à quatre-vingts pas environ en avant de ce dernier, une chaîne de lunettes réunies par un deuxième chemin couvert. La route de Luxembourg est battue par un grand ouvrage à cornes. La ville elle-même est sur la rive gauche de la Moselle; à quelques centaines de pas en avant de la tête de pont, au delà de la double couronne, coule un autre bras de la Moselle, sur lequel on a construit une deuxième tête de pont, appelée le Fort. Les fossés sont inondés.

Thionville est dominée, à une distance d'environ 3,500-4,000 pas, par des hauteurs situées sur la rive gauche de la Moselle. La rive droite est plate; cependant quelques hauteurs situées au sud, en avant de la forêt d'Illange, dominent un peu la ville.

En 1792, les Autrichiens ont déjà essayé de prendre la ville par bombardement. Cette tentative échoua devant l'héroïque résistance des habitants et de la garnison, et les ingénieurs français ont souvent cité cet exemple à l'appui de ce système de fortification. En réalité, ce soi-disant bombardement n'a duré que deux heures, n'a tué personne, n'a pas brûlé une seule maison, et n'a pas, d'après le vicomte de Chateaubriand, qui prit part au siège comme émigré, causé pour 50 francs de dommages.

Après les journées de Wœrth et de Spicheren, le bruit courut que l'armée française, battant en retraite, allait prendre position derrière la Moselle, entre Metz et Thionville. On rentrait ainsi dans le système qui consiste à défendre le passage des rivières, et l'on y était d'autant plus porté que Metz ne communiquait pas directement avec Paris.

Dans les premières semaines du blocus de Metz, Thionville ne fut qu'observée; elle fut bloquée plus tard, à la suite d'un coup de main heureux de sa garnison. On n'en fit le siége qu'après la chute de Metz. On envoya alors contre la place la 14e division d'infanterie, quatre batteries de campagne et treize compagnies d'artillerie de siége. Outre les pièces de campagne, on employa vingt-trois pièces rayées de 24, dont une moitié de pièces courtes, trente pièces rayées de 12, et quatre gros mortiers lisses de 32 centimètres. On avait également quatre mortiers rayés de 21 centimètres, mais on ne les employa pas.

Dans la nuit du 22 novembre, les batteries furent construites en demi-cercle, à 3,500-4,000 pas de la place; la batterie de mortiers seule était plus rapprochée, à environ 2,000 pas. Elles embrassaient toute la ville sur la rive gauche de la Moselle; les mortiers et deux batteries de 24 étaient sur la rive droite, en avant d'Illange, au sud de la forteresse; une grande partie des batteries devait employer le tir indirect, avec l'appareil directeur de Richter. Le feu fut très-lent ; les canons de la place furent bientôt réduits au silence, et l'on bombarda alors l'intérieur de la ville. On n'essaya pas de faire brèche. Les fossés inondés, les nombreux ouvrages entassés l'un derrière l'autre permettaient à peine d'essayer le système des « *ponts moraux*. »

La nuit suivante, on fit, à 800 pas de la place et sans en être empêché, une parallèle ou plutôt une tranchée pour des tirailleurs. La place capitula dans la matinée du lendemain : elle avait éprouvé de grands dommages. L'assiégeant eut treize morts et vingt-deux blessés. Le petit nombre des coups tirés par les pièces de l'assiégeant (cinquante coups par jour) donne à croire que l'ennemi ne pouvant compter des pièces aussi éloignées et en partie cachées, on aurait pu atteindre le même but avec un plus petit nombre de pièces. Cette considération ressort également du siége d'autres villes.

La garnison comptait environ 4,200 hommes, avec près de 200 canons.

LA FÈRE.

La Fère est importante pour la France par ses ateliers de construction d'artillerie, où se fabriquent surtout des affûts. Les inondations qui l'entourent la mettent à l'abri d'un assaut. La ville, qui a environ 3,000 habitants, est très-basse : la plupart des maisons n'ont pas de caves. Les petits bastions de l'enceinte ont seuls des parapets en terre ; les courtines, très-longues, ne sont que de simples murs devant lesquels court un fossé plein d'eau. Des deux faubourgs, celui du nord, dominé par des hauteurs, est fortifié par un ouvrage à cornes ; l'autre (faubourg de Notre-Dame), dont les premières maisons sont à 300 pas de la porte, est complétement ouvert. La place ne renferme presque pas de casemates. La ville, située sur la rive gauche de l'Oise, est presque complétement baignée par cette rivière et par la Serre; la tête de pont de la rive droite de l'Oise a seule quelques fossés secs. La Fère ne peut pas résister à un bombardement, et le commandant de la place, jugeant sainement sa position, avait, aussitôt après la chute de Soissons, qui est à 4 milles au sud de la Fère, ordonné d'expédier sur Lille tout le matériel d'artillerie. L'exécution de cette mesure fut bientôt empêchée par la population, qui le dénonça au gouvernement comme un traître bonapartiste, et le fit ainsi remplacer par un officier de marine. Ce dernier, en prenant possession de son poste, promit à la population de se défendre jusqu'au dernier biscuit. Cette ardeur belliqueuse, si rare de nos jours, de toute une population, s'explique par la crainte qu'avaient les habitants de voir les établissements militaires, auxquels ils sont presque tous employés, éloignés de leur ville soit par les Allemands, soit par leurs compatriotes. La garnison comptait environ 2,500 hommes, francs tireurs et gardes mobiles, avec 70 canons. Après la chute de Soissons, la Fère avait déjà été bombardée par deux batteries d'un détachement envoyé sur Saint-Quentin. La sommation du commandant du détachement fut repoussée, et ce dernier s'éloigna sans laisser des troupes pour observer la place. Après la capitulation de Metz, on put bloquer la Fère avec une brigade d'infanterie, un escadron et une batterie de campagne — le tout en troupes de ligne. — Le train de siége de Soissons fut chargé des travaux d'artillerie. Par suite du manque de munitions, on n'amena devant la place que huit pièces rayées de 24, douze pièces rayées de 12 et six mortiers. On avait environ deux cents coups par pièce, un peu plus pour les mortiers, pour lesquels, d'ailleurs, on avait encore quelques approvisionnements à Soissons. Ces pièces étaient servies par six compagnies, c'est-à-dire deux de plus que devant Soissons, et une compagnie de pionniers.

Dans la nuit du 25 novembre, on construisit les batteries, sept en tout, au S. O. de la place, des deux côtés du village de Danizy, à 1,500-2,000 pas des ouvrages. Elles ne dominaient les fortifications que de quelques mètres et étaient placées si heureusement derrière quelques plis de terrain qu'elles pouvaient tirer de plein fouet, tandis que la place pouvait à peine les voir. La plus grande difficulté à vaincre pour construire les batteries fut d'abattre un nombre considérable d'arbres sur le terrain inondé, et jusqu'à quelques centaines de pas de la place. Grâce à l'inattention des Français, on put achever ce travail sans obstacle.

Les défenseurs n'attendaient pas l'attaque de ce côté, mais du côté nord. Les quelques pièces établies sur le front d'attaque furent réduites au silence dans la première matinée, et le feu prit à plusieurs points de la ville, notamment dans les établissements militaires, qui sont visibles de loin (1). Pendant la nuit et la matinée du lendemain, les canons français ne répondirent presque plus, et le commandant demanda à capituler. La garnison perdit environ quarante morts et blessés, dont plusieurs furent brûlés dans une caserne; l'assiégeant n'éprouva aucune perte.

SCHELESTADT.

Schelestadt, ville de 11,000 âmes, est située sur la rive gauche de l'Ill et sur le chemin de fer de Strasbourg à Mulhouse. Les revêtements de ses fortifications sont généralement visibles de loin, et son enceinte n'est qu'un simple tracé bastionné, avec plusieurs cavaliers très-élevés. Une inondation, large d'un demi-mille, entoure au moins les

(1) Le premier obus lancé sur la ville éclata, par un étrange hasard, dans le logement du commandant de l'artillerie de la place.

trois cinquièmes de la ville. Le siége de cette place fut confié à la division de réserve Schmeling, qui, formée au commencement d'octobre à Fribourg en Brisgau, avait passé le Rhin à Neuenbourg et, marchant au nord, s'était présentée devant Neuf-Brisach. Après avoir vainement bombardé cette place avec de l'artillerie de campagne, la division marcha sur Schelestadt. L'investissement terminé, elle reçut de Strasbourg un parc de siége. Le bombardement avec les pièces de siége commença le 19 octobre : on n'employa d'abord qu'une batterie rayée de 12, placée devant Hildesheim, du côté opposé à l'attaque qu'on fit plus tard, dans le but d'incendier un grand magasin à fourrages qu'on voyait de fort loin. Nous ne savons trop pourquoi on chercha à obtenir ce résultat fort secondaire avant l'arrivée du reste du parc de siége. Peut-être fut-ce dans le but de tromper l'ennemi sur l'emplacement des autres batteries ; cette batterie de 12 atteignit son but, mais en éprouvant des pertes sensibles en hommes et en matériel.

Dans la nuit du 23 octobre, on construisit, à 1,000 pas environ de la porte de Colmar, six batteries armées de huit pièces rayées de 24, huit pièces rayées de 12, quatre mortiers de 25 livres et quatre de 50. Le lendemain matin, le feu commença ; la place y répondit d'abord très-vivement, mais vers midi son artillerie fut à peu près réduite au silence. En vain les assiégés mirent des mortiers derrière les remparts et recommencèrent le feu dans l'après-midi : la place capitula le lendemain dans la matinée, après vingt-six heures de bombardement. On avait déjà, la nuit auparavant, ouvert une parallèle à 500-700 pas de la place, et l'on devait, le lendemain, commencer un siége en règle avec un grand parc d'artillerie de siége qui venait d'arriver.

Les seize canons de l'attaque avaient obtenu des résultats magnifiques, puisqu'ils avaient démonté en fort peu de temps

vingt-six canons à la place. Comme la ville n'avait pas de
rue de rempart, les maisons voisines du front d'attaque furent
presque toutes détruites. Mais, à part quelques édifices publics, le reste de la ville fut peu endommagé. Les habitants
avaient très-bien blindé leurs maisons. Des balles de tabac,
qu'on avait mises sur le rempart en guise de traverses furent
en partie brûlées. La garnison, environ 5,000 hommes, avec
120 canons, était tellement démoralisée lors de la capitulation, que le commandant de la place dut prier les assiégeants
de hâter leur entrée dans la ville. De là, le corps de siége
marcha immédiatement sur Neuf-Brisach.

NEUF-BRISACH.

Cette place, toute militaire, ne renferme que 2,000 âmes de
population civile; elle a été construite par Vauban pour
remplacer Vieux-Brisach, cédé par la France au traité de
Ryswick.

Neuf-Brisach est le seul type resté pur de ce qu'on a appelé
la troisième manière de Vauban.

La place est un octogone régulier : les bastions sont détachés ; chacun d'eux a pour réduit une haute tour isolée par
un fossé; chaque courtine est protégée par une tenaille et
une demi-lune, avec réduits en maçonnerie; en avant des
demi lunes se trouve une chaîne de lunettes. Les casemates
sont très-nombreuses. Cormontaigne a laissé sur la construction de ces ouvrages, qui s'écartent du tracé bastionné
pur, un mémoire qui n'a jamais été mis en pratique.

Le seul ouvrage détaché est le petit fort Mortier, sur le
Rhin, opposé à Vieux-Brisach, et qui, à l'origine, servait de
tête de pont à cette forteresse. C'est un triangle équilatéral
à angles arrondis, formé d'une triple muraille devant laquelle
se trouvent des parapets en terre. Il garantit Neuf-Brisach

d'une attaque par l'est et le sud-est, mais est trop éloigné de la place (3,500 pas) pour pouvoir recevoir d'elle un appui efficace.

Le bombardement commença le 1er novembre. Les batteries placées au N. O. formaient deux groupes (à droite et à gauche des villages de Wolfganzen et de Biesheim) séparés par deux canaux qui se réunissent sous la place et forment un angle très-aigu (le canal du Rhône au Rhin et le canal de Vauban). Chaque groupe était armé de 4 pièces rayées de 24 prussiennes et de 4 mortiers de 50 livres; le premier possédait en outre 4 pièces françaises de 24 rayé long. On poussa les tranchées pour les tirailleurs jusqu'à 800 pas de la place; les batteries de Wolfganzen étaient à 2,400 pas; celles de Biesheim à 2,800 des ouvrages de la place les plus rapprochés. On avait l'intention d'employer l'espace libre entre les deux canaux à une attaque régulière.

Le bombardement dura dix jours sans interruption, sans que les assiégeants pussent, grâce à la faiblesse numérique de leur artillerie, faire taire celle de la place. On fit venir un grand parc de siége, mais le clair de lune empêcha la construction des batteries. Il est probable que, grâce à la force et à la disposition des ouvrages, l'effet matériel d'une attaque en règle aurait été inférieur à l'effet moral du bombardement. On peut croire aussi que si le bombardement avait été commencé avec les puissants moyens que le voisinage de Strasbourg permettait d'employer, il aurait réussi plus promptement. Une révolte de la garde mobile força le commandant de la place à capituler le 10 novembre, et rendit inutile une attaque en règle. La garnison comptait plus de 5,000 hommes, avec 108 canons. Elle comprenait tout un régiment de ligne, le 74e, qui n'eut pas lui-même assez envie de continuer la défense pour ramener à l'ordre les révoltés, auxquels il était supérieur en nombre. Le commandant de l'artillerie de la place était mort. Au moment de la capitulation, la ville était presque complétement détruite ; mais on ne trouva pas de canons hors de service. L'artillerie des assiégeants eut 8 tués et 18 blessés.

Pendant le siége de Neuf-Brisach, les batteries badoises de la rive du Rhin commencèrent à attaquer le fort Mortier avec une artillerie très-supérieure : 6 pièces de 24, 6 de 12, 6 de 6 et 5 gros mortiers. Après une énergique résistance, le fort capitula dans la nuit du 7, après avoir eu ses 5 canons démontés à la fois : la garnison était de 220 hommes. Les batteries de bombardement étaient à 2,000-2,600 pas du fort.

MONTMÉDY.

Montmédy appartient à la ligne des places de la Meuse, bien qu'elle ne soit pas sur le fleuve même. Le Chiers, affluent de droite de la Meuse, entoure presque complétement la ville. La place proprement dite se trouve sur un petit rocher triangulaire d'environ 200 pieds de hauteur. Ses talus, très-roides, sont presque naturellement bastionnés, et les revêtements, visibles de loin, ont, à certains endroits, 80 pieds de hauteur. Cette première enceinte est entourée d'une deuxième qui est basse, et en partie construite en quartiers de roc. Au-dessous et au N. E. de la place proprement dite se trouve la ville basse ou Bas-Médy, avec une vieille muraille, de vieilles tours en maçonnerie, un fossé complétement inondé ; les murs sont crénelés. A part quelques pièces de flanquement dans la ville basse, les Français n'avaient placé des canons que dans l'enceinte intérieure de la ville haute.

La place avait été vainement bombardée un jour entier pendant la marche de l'armée de la Meuse. On y fit d'abord peu attention et l'on se contenta de l'absence des centres d'étapes de Stenay et de Damvilliers ; la garnison de Montmédy parvint même à enlever une partie des troupes de Stenay; de plus, la ville fut, jusqu'à son investissement, le point de rassemblement de nouvelles levées, qui se dirigeaient ensuite sur Mézières, sans que la faible garnison de Sedan pût les en empêcher. Ce ne fut qu'après la prise de Thionville que la 14e division d'infanterie put cerner la place. Le parc de siége, composé de 4 mortiers rayés de 21 centim., de 20 pièces rayées de 12, de 10 pièces rayées de 24 court et de 10 pièces rayées de 24 long, sans mortiers lisses, fut amené devant la place, par le chemin de fer de Thionville, pendant les premiers jours de décembre; il était servi par 13 compagnies d'artillerie de siége. Le 7 décembre, on commença à construire les batteries dans un terrain durci par la gelée et en partie rocheux. On put les armer dans la nuit du 12. Elles devaient toutes tirer de plein fouet, à cause de la hauteur du but, et entouraient la place à une distance de 2,500-4,000 pas. On ne mit au nord que les 4 batteries de campagne de la division. Tout en conservant la possibilité de tirer de plein fouet, les batteries étaient placées si favorablement derrière les ondulations du terrain, que la place ne pouvait, même le jour, s'apercevoir de leur construction. Le feu commença le lendemain matin, à sept heures et demie. On tira sur la ville, sur les pièces et sur l'escarpe également, mais seulement à titre de menace, car il était difficile de pratiquer une brèche dans ces rochers. Les batteries tiraient à peine depuis trois heures que la pluie et un épais brouillard interceptèrent la vue; on continua à tirer, comme on le fait la nuit, un coup par pièce et par heure, jusqu'au lendemain soir. Grâce à la hauteur et au peu de largeur de la place, beaucoup des 2,985 projectiles lancés sur elle ne l'ont pas atteinte. Le feu des défenseurs, qui avait d'abord été très-violent, devint également inoffensif. Le 13 au soir, la place capitula, après trente-six heures de bombardement, et à la suite de la révolte d'une partie de la garnison. Cette dernière comptait plus de 3,000 hommes, avec 65 canons. La capitulation livra en outre 237 prisonniers allemands. Presque toute la population civile, qui était de 2,135 hommes en 1869, avait quitté la ville avant l'investissement. Le bombardement causa peu de dommages, beaucoup moins que la tentative faite avec l'artillerie de campagne. L'assiégeant n'éprouva aucune perte.

MÉZIÈRES.

Mézières est sur la Meuse, dans la région montagneuse des Ardennes et dans une position très-favorable. Cette place, occupée par une garnison un peu énergique, ne peut être investie que par des forces bien supérieures. La ville même et la citadelle sont sur la rive droite, resserrées dans un coude de la rivière, qui les limite au nord et au sud. Sur la rive gauche se trouvent, au sud, le faubourg de Pierre, entouré par l'ouvrage à cornes de Champagne ; au nord le faubourg d'Arches, avec la tête de pont qui porte ce nom. Le faubourg d'Arches réunit Mézières à la ville ouverte de Charleville, très-industrielle, peuplée de 11,240 habitants, également entourée par un coude de la Meuse. La tête de pont d'Arches, l'ouvrage à cornes de Champagne, ne sont, ainsi que les fronts extérieurs de la citadelle, que de simples tracés bastionnés ; une partie des fortifications de la ville et de la citadelle remonte au moyen âge, et se compose de hautes tours couvertes par des contre-gardes ; il y a de plus un ouvrage à cornes du côté du faubourg ouvert de Saint-Julien. La ville proprement dite a 5,800 âmes. Les ouvrages sont dominés de beaucoup par les sommets des Ardennes ; les plus rapprochés de ces sommets sont à 12-1800 pas de la ville ; le mont Olympe (646 pieds), au delà de Charleville ;

les hauteurs de Godard (700 pieds), entre la citadelle et Montoy, tombent à pic sur la Meuse. Les Français avaient construit sur ces dernières des ouvrages provisoires ; mais de l'autre côté on avait seulement barricadé les villages, malgré la résistance des habitants ; on n'avait rien fait en avant de Charleville. Après la capitulation de Sedan, un détachement relativement très-faible observa Mézières ; le commandant de la place aurait pu lui faire beaucoup de mal au commencement d'octobre, et l'on n'était pas, à Sedan, sans inquiétude à ce sujet. Après la prise de Soissons, le corps de siége fut dirigé sur Mézières ; mais ces forces ne purent réussir à investir la place et à chasser les Français des villages environnants. Le parc de siége, qui était déjà arrivé à Rethel, dut rétrograder, et l'on repoussa le siége jusqu'à la prise de Montmédy.

Après la chute de cette place, la 13e division marcha sur Mézières et réussit en peu de jours à bloquer étroitement la place, dont la garnison avait d'ailleurs été fort affaiblie par l'envoi à l'armée du Nord d'une partie des vieilles troupes et de bataillons de nouvelle formation. Le parc de siége, accompagné par 19 compagnies, vint de Montmédy par le chemin de fer.

Le 24 décembre on commença la construction des batteries. Réparties, au nombre de quinze, sur un arc de cercle de 14,000 pas de développement, elles entouraient la moitié sud de la place : 4 batteries à gauche du village de Saint-Laurent étaient sur la rive droite ; les autres, sur la rive gauche de la Meuse, jusqu'au village de Warcy. On dut, à cause de la grande longueur de cette ligne, établir deux parcs, l'un à Warnicourt, l'autre à Lûmes. La distance des batteries à la place est de 2,100 (au centre) à 4,800 pas (à l'aile droite). On travailla seulement la nuit aux batteries qui pouvaient être vues de la place ; les autres furent construites aussi pendant le jour; et tout le travail, exécuté dans un terrain rocheux, gelé à une profondeur de un pied et demi, fut achevé le 30. Les batteries n'étaient armées que de pièces rayées, 30 pièces de 12, 20 courtes et 14 longues de 24 et 4 mortiers rayés de 21 cent.; plus une batterie de campagne à l'extrême droite de l'attaque. Les mortiers rayés durent tirer spécialement sur les bâtiments de la citadelle. Le 31 décembre, à huit heures un quart du matin, les 74 pièces commencèrent leur feu. Elles dominèrent promptement celui de la place, et vers midi on commença à ne tirer que sur les maisons. La nuit suivante, on bombarda également Charleville, bien que ce fût une ville ouverte, pour empêcher les habitants et la garnison, qui fuyaient Mézières en flammes d'y trouver un asile sûr; on n'y lança cependant qu'un petit nombre de projectiles.

Le lendemain, 1er janvier, le drapeau blanc fut hissé à onze heures trois quarts du matin, et la place capitula à onze heures du soir. La garnison, troupes de lignes et gardes mobiles, en tout plus de 2,000 hommes, fut prisonnière de guerre; la garde nationale de Mézières et des environs fut libre sur parole. On prit 106 canons, dont la moitié étaient rayés; la ville éprouva des pertes considérables.

La prise de Mézières avait beaucoup d'importance pour les opérations des armées allemandes : elle donna à l'armée de siége de Paris une ligne de chemins de fer de plus, par Reims, Mézières, Montmédy, Thionville et Metz. Peu de jours après l'ouverture de cette ligne, la rupture d'un pont près de Toul, par une troupe de partisans sortie de Langres, en fit pendant quelque temps notre seule communication avec l'Allemagne.

TABLE

Avant-propos.	5
Considérations sur la guerre des places fortes.	7
Des causes qui ont modifié la guerre des forteresses.	10
Aperçu de la guerre des forteresses (1870-71).	13
Strasbourg.	18
Toul.	33
Soissons.	36
Verdun.	39
Metz.	43
Thionville.	53
La Fère.	55
Schelestadt.	57
Neuf-Brisach.	59
Montmédy.	61
Mézières	63

CH. TANERA, ÉDITEUR

LIBRAIRIE POUR L'ART MILITAIRE ET LES SCIENCES

RUE DE SAVOIE, 6, A PARIS

EXTRAIT DU CATALOGUE

ARTILLERIE (L') de campagne française; étude comparative du canon rayé français et des canons étrangers. Br. in-8°. 1 fr. 50

BORMANN. — Nouvel obus pour bouches à feu rayées. Br. in-8° avec planche. . . . . 2 fr.

CHARRIN. — Le revolver, ses défauts et les améliorations qu'il devrait subir au point de vue de l'attaque et de la défense individuelles. Br. in-8°. . . . . 1 fr.

CHARRIN. — De l'emploi d'un abri improvisé, expéditif et efficace pour protéger le fantassin contre les balles de l'ennemi. Le hâvre-sac pare-balles. Br. in-8° avec figures. . . 1 fr. 25

COYNART (DE). — Précis de la guerre des États-Unis d'Amérique. 1 vol. in-8°. . . . . 5 fr.

COSTA DE SERDA. — Les chemins de fer au point de vue militaire. Extrait des instructions officielles et traduit de l'allemand. 1 vol. in-8°. . . . . 3 fr.

FIX. — La télégraphie militaire; résumé des conférences faites à l'École d'application du corps d'état-major. Br. grand in-8° avec planche. . . . . 2 fr. 50

FRITSCH-LANG. — L'artillerie rayée prussienne à l'attaque de Düppel, d'après les auteurs allemands. Br. in-8° avec carte. 2 fr. 50

GRATRY. — Essai sur les ponts mobiles militaires. 1 vol. grand in-8° avec planches. . . . . 8 fr.

GRATRY. — Description des appareils de maçonnerie les plus remarquables employés dans les constructions en briques. 1 vol. grand in-8° avec de nombreuses gravures sur bois . . 6 fr.

HENRY. — Essai sur la tactique élémentaire de l'infanterie, mise en rapport avec le perfectionnement des armes. Br. in-8° avec figures . . . . 2 fr.

LE BOULENGÉ. — Études de balistique expérimentale. Détermination au moyen de la clepsydre électrique de la durée des trajectoires; expériences exécutées avec cet instrument; lois de la résistance de l'air sur les projectiles des canons rayés déduites des résultats obtenus. Br. in-8° avec planches. . . . 4 fr.

LECOMTE. — Études d'histoire militaire, antiquité et moyen âge. 1 vol. in-8° . . . . 5 fr.

LECOMTE. — Études d'histoire militaire, temps modernes jusqu'à la fin du règne de Louis XIV. 1 vol. in-8°. . . . . . 5 fr.

LECOMTE. — Guerre de la Prusse et de l'Italie contre l'Autriche et la Confédération germanique en 1866; relation historique et critique. 2 vol. grand in-8° avec cartes et plans. . 20 fr.

LECOMTE. — Guerre de la sécession; Esquisse des événements militaires et politiques des États-Unis, de 1861 à 1865. 3 vol. grand in-8° avec cartes. . . . . 15 fr.

LECOMTE. — Le général Jomini, sa vie et ses écrits. Esquisse biographique et stratégique. 1 vol. in-8° avec carte. 7 fr. 50

LIBIOULLE. — Le revolver Galand, nouveau système à percussion centrale et extracteur automatique. Br. in-8° avec fig. 1 fr.

LULLIER. — La vérité sur la campagne de Bohême en 1866, ou les quatre grandes fautes militaires des Prussiens. Br. in-8°. 1 fr.

MANGEOT. — Traité du fusil de chasse et des armes de précision, nouvelle édition. 1 vol. in-8° avec figures dans le texte. et planches . . . . 5 fr.

MARNIER. — Souvenirs de guerre en temps de paix : 1793, 1806, 1823, 1862, récits historiques et anecdotiques extraits de ses Mémoires inédits. 1 vol. in-8°. . . . . 3 fr.

MOSCHELL. — De l'effet du tir à la guerre et de ses causes perturbatrices. Br. in-8°. . . . . 1 fr.

ODIARDI. — Des nouvelles armes à feu portatives adoptées ou à l'étude dans l'armée italienne. Br. in-8° avec planche. . 2 fr.

ODIARDI. — Des balles explosibles et incendiaires. Br. in-8. avec planche. . . . . 2 fr.

PIRON. — Manuel théorique du mineur; nouvelle théorie des mines, précédée d'un exposé critique de la méthode en usage pour calculer la charge et les effets des fourneaux, et d'une étude sur la poudre de guerre. 1 vol. grand in-8° avec pl. 12 fr.

PIRON. — Essai sur la défense des eaux et sur la construction des barrages. 1 vol. grand in-8° avec planches. . . . 6 fr.

PLOENNIES (DE). — Le fusil à aiguille, notes et observations critiques sur l'arme à feu se chargeant par la culasse, traduit de l'allemand par E. Heydt. Br. in-8° avec planche. . . . 3 fr.

QUESTIONS de stratégie et d'organisation militaire relative aux événements de la guerre de Bohême, par un officier général (Jomini). Br. in-8°. . . . . 1 fr.

SCHMIDT. — Le développement des armes à feu et autres engins de guerre, depuis l'invention de la poudre à tirer jusqu'aux temps modernes. 1 vol. in-8°, avec 107 planches. . . 10 fr.

SCHOTT. — Des forts détachés, traduit de l'allemand par Bacharach. Br. in-8° avec planche . . . . 2 fr.

SCHULTZE. — La nouvelle poudre à canon, dite poudre Schultze, et ses avantages sur la poudre à canon ordinaire et autres produits analogues. Traduit de l'allemand par W. Reymond. Brochure in-8°. . . . . 2 fr.

TACKELS. — Étude sur le pistolet au point de vue de l'armement des officiers. Br. in-8° avec figures . . . . . . 1 fr. 50

TACKELS. — Conférences sur le tir, et projets divers relatifs au nouvel armement. 1 vol. in-8° avec planches . . . 5 fr.

TACKELS. — Étude sur les armes à feu portatives, les projectiles et les armes se chargeant par la culasse. 1 vol. in-8° avec pl. 6 fr.

TACKELS. — Les fusils Chassepot et Albini, adoptés respectivement en France et en Belgique. Br. in-8° avec planches. 2 fr.

TACKELS. — Armes de guerre; Étude pratique sur les armes se chargeant par la culasse; les mitrailleuses et leurs munitions; le canon Montigny-Eberhaerd; le fusil Montigny; les fusils Charrin, Remington, Jenks, Cochran, Howard, Peabody, Dreyse, Chassepot, Snider, Terssen, Albini; les cartouches périphériques, etc., etc. 1 vol. in-8° avec planches. . . . . 8 fr.

TACKELS. — La carabine Tackels-Gerard, nouveau système de culasse mobile, dite à bloc, à percussion centrale pour armes de guerre. Br. in-8° . . . . 50 c.

TACKELS. — Le nouvel armement de la cavalerie depuis l'adoption de l'arme se chargeant par la culasse. 1 vol. in-8°, avec planches. . . . . 5 fr.

UNGER. — Histoire critique des exploits et vicissitudes de la cavalerie pendant les guerres de la Révolution et de l'Empire jusqu'à l'armistice du 4 juin 1813, d'après l'allemand. 2 volumes in-8° . . . . 12 fr.

VANDEVELDE. — La tactique appliquée au terrain. 1 vol. in-8° avec atlas. . . . . 7 fr. 50

VANDEVELDE. — Manuel de reconnaissances, d'art et de sciences militaires, ou Aide-mémoire pour servir à l'officier en campagne. 1 vol. in-18 avec planches . . . . 5 fr.

VANDEVELDE. — Précis historique et critique de la campagne d'Italie en 1859. 1 vol. in-8° avec cartes et plans. . . 12 fr.

VANDEVELDE. — La guerre de 1866 en Allemagne et en Italie. 1 vol. in-8° avec cartes . . . . 6 fr.

VANDEVELDE. — Commentaire sur la tactique à propos du *Mémoire militaire* par le prince Frédéric-Charles de Prusse. Br. in-8°. . . . . 2 fr.

VARNHAGEN VON ENSE. — Vie de Seydlitz, traduit de l'allemand par Savin de Larclause. 1 vol. in-8° avec portrait et plans. 5 fr.

VERTRAY. — Album de l'expédition française en Italie en 1849, contenant 14 dessins, 4 cartes topographiques indiquant les opérations militaires, avec un texte explicatif. 1 vol. grand in-folio. . . . . 10 fr.

WAUWERMANS. — Mines militaires. Études sur la science du mineur et les effets dynamiques de la poudre (application de la thermodynamique). 1 vol. in-8° avec planches . . . 7 fr. 50

WAUWERMANS. — Applications nouvelles de la science et de l'industrie à l'art de la guerre. — Télégraphie militaire. — Aérostation. — Éclairage de guerre. — Inflammation des mines. 1 vol. in-8° avec figures. . . . . 4 fr.

NOUVELLES PUBLICATIONS

BAYLE. — L'électricité appliquée à l'art de la guerre. Br. grand in-8° avec planches. . . . . 3 fr.

BODY. — Aide-Mémoire portatif de campagne pour l'emploi des chemins de fer en temps de guerre, d'après les derniers événements et les documents les plus récents. 1 vol. in-18 avec planches . . . . 4 fr.

FIX. — Guide de l'officier et du sous-officier aux avant-postes, d'après les meilleurs auteurs. 1 vol. in-18 . . . 2 fr 50

ODIARDI. — Les armes à feu portatives rayées de petit calibre. 1 vol. in-8° avec planches . . . . 3 fr.

PEIN. — Lettres familières sur l'Algérie, un petit royaume arabe. 1 vol. in-12. . . . . 3 fr.

POULAIN. — Lettres sur l'artillerie moderne, canon de 7 et gargousse obturatrice, le bronze et l'acier, mitrailleuse française. Br. in-8° . . . . 1 fr.

SUZANNE. — Des causes de nos désastres ; la proscription des armes et le monopole de l'artillerie. Br. grand in-8 . . 2 fr

---

Paris, Imp. H. Carion, rue Bonaparte, 64.

www.ingramcontent.com/pod-product-compliance
Lightning Source LLC
LaVergne TN
LVHW021721080426
835510LV00010B/1073